JN089027

クラシックの
深淵

平林直哉
Hirabayashi Naoya

青弓社

クラシックの深淵　　目次

装丁——神田昇和

No.1
驚愕！　半音低いシュヴァルツコップの
『4つの最後の歌』（リヒャルト・シュトラウス）

　独立して仕事を始めて、そろそろ30年近くになる。最近は、自分の知らないことがなんでこんなに多いのかと、ときどき落胆する。だから、日常的に、その道に長けた人物に助けを請うことが多い。沼辺信一もその一人である。彼の編著『12インチのギャラリー──LP時代を装ったレコード・ジャケットたち』（美術出版社、1993年）はまったくすばらしい仕事だが、彼はまた私が制作したGRAND SLAMのCDのなかでベートーヴェンの『交響曲第6番「田園」』『第7番』（パレー指揮、デトロイト交響楽団　GS-2010）、チャイコフスキーの『交響曲第6番「悲愴」』（ムラヴィンスキー指揮、レニングラード・フィルハーモニー管弦楽団　GS-2244）、バルトークの『弦楽器、打楽器とチェレスタのための音楽』、オネゲルの『交響曲第3番「典礼風」』ほか（ムラヴィンスキー指揮、レニングラード・フィル　GS-2154）、エルガー＆ディーリアスの『チェロ協奏曲』（ジャクリーヌ・デュ・プレ　GS-2203）、これらに詳細極まりない解説を書いてくれた。解説書は可能なかぎり読み応えがあるものを加えたい方針なので、彼の仕事はとてもありがたかった。

　ある日のこと、沼辺に電話を入れた際、その主たる用件をすっかり忘れさせるほど、彼の口から衝撃的な事実が飛び出してきた。彼は言った。「シュヴァルツコップとセルがやったリヒャルト・シュトラウスの『4つの最後の歌』は誰もが知る名盤ですよね。けれど、あの4曲のなかで第1曲の「春」だけ、シュヴァルツコップが半音下げて歌っているのはご存じですか？」

　言うまでもなく、このシュヴァルツコップとセルによるEMIの『4つの最後の歌』は歴史的な名演としてあまりにも有名である。あらためてデータを記しておくと、シュヴァルツコップの独唱、セル指揮、

イギリス・コロンビア
SAX5258

ベルリン放送交響楽団、1965年9月1日から3日の録音、場所はベルリンのグリューネヴァルト教会、プロデューサーはシュヴァルツコップの夫ウォルター・レッグである。半音も下げて歌っている、それも第1曲だけというのであれば、とうの昔に騒ぎになっているはずである。でも、そんな話はいままで一度も見たり聞いたりしたことはない。

そんなことが本当にあるのかと、シュヴァルツコップのCD（イギリス・EMI　CDC 7472762）とアンナ・トモワ＝シントウ（カラヤン指揮、ベルリン・フィルハーモニー管弦楽団、ユニバーサルミュージック　UCCG9806～10）のそれぞれの「春」を比較してみた。前者は全体的にほの暗い感じがするが、ゆらゆらと揺れるような曲想なので、半音の違いが実感できにくい。そこでスコアを開いたところ、最後から3小節目はフルートや第1ヴァイオリンが嬰ハ音を伸ばしている。ここならば、わかりやすい。次にヴァイオリンを取り出し、チューナーで嬰ハ音に合わせ、最後から3小節目をシュヴァルツコップのCDとヴァイオリンとを同時に鳴らしてみた。すると、音が完全にぶつかる。そして、今度はヴァイオリンを半音低いハ音に合わせ、同じく同時に鳴らしてみた。今度はぴたりと合う。本当だ、間違いなく半音低い。念のため、同じ演奏の初出LP（イギリス・コロンビア SAX5258）も買い求めて聴いてみたが、まったく同じだった。

そこで、「半音低い」と記してある文献があるのかと、手当たり次第に雑誌や書籍をあたってみた。この録音に関連したもので最初に見つかったのは、Alan Sanders, John Barry Steaneの『Elisabeth Schwarzkopf: A Career on Record』（Amadeus Press, 1995）のなかの「レッグはセルに、ベルリンの第一級のオーケストラであるベルリン・フィルを用意できなくて詫びた」というものである。なるほど、だからセルとベルリン放送交響楽団という変則的な組み合わせで録音されたのだなと納得した。けれども、肝心の半音に関する記述はない。

ここで、ふと気がついた。このベルリン放送響のコンサートマスターは豊田耕児ではなかったか。調べてみると、この録音のときに豊田はまだ在籍している。彼は第1コンサートマスターだから、このセッションに参加している可能性はきわめて高い。豊田に連絡を取れば、なんらかの証言が得られるかもしれ

レッグとシュヴァルツコップ

ないと思ったが、幸いにして豊田と電話で話ができた。豊田は以下のように語ってくれた。「何度かシュヴァルツコップとやったのは覚えています。しかし、『4つの最後の歌』の録音については、なんとなくやったかなという程度の記憶なので、半音低くやったかどうかについては、お答えできないですね。私どもは放送局から言われたことを日々こなしていましたから、細かいことについては、ほとんど覚えていないのです。お役に立てなくて申し訳ない」

　私たちにとっては指標になる録音であっても、豊田ら演奏する側の人々にとっては何百何千もの仕事のうちの一つである。覚えていなくて当然だろう。結果としては何も得られなかったが、おそらく当事者だろうという人物と連絡が取れたことには意味があったと思う。話を聞かずに後悔しなくてすんだのもよかった。

　それから約10日後、アラン・ジェファーソンの『Elisabeth Schwarzkopf』（Northeastern University Press, 1995）が届いた。そのなかに、とうとう「半音下げて歌った」という記述を発見した。しかし、著者のジェファーソンはシュヴァルツコップがアッカーマンと1953年に録音した『4つの最後の歌』とセル盤との違いを詳述してはいるが、半音下げたことを特に否定も肯定もしていない。この本は95年、つまりシュヴァルツコップがまだ生きているときに出版しているので、それも関係しているかもしれない。ただし、シュヴァルツコップから、

「半音に関しての記述は伏せておいてくれ」と言われなかったのは幸いだったと思う。

　ここで、現在までに知られているシュヴァルツコップが歌った『4つの最後の歌』の録音を列挙してみよう。

①1952年5月10日、クレツキ指揮、ウィーン交響楽団（ライヴ）

②1953年9月25、26日、アッカーマン指揮、フィルハーモニア管弦楽団（EMI録音）

③1956年6月20日、カラヤン指揮、フィルハーモニア管弦楽団（ライヴ）

④1960年6月20日、ミュラー＝クライ指揮、シュトゥットガルト放送交響楽団（ライヴ）

⑤1962年8月11日、ケルテス指揮、ベルリン・フィル（ライヴ）

⑥1964年6月19日、セル指揮、コンセルトヘボウ管弦楽団（ライヴ）

⑦1964年8月15日、カラヤン指揮、ベルリン・フィル（ライヴ）

⑧1965年9月1-3日、セル指揮、ベルリン放送交響楽団（EMI録音）

⑨1968年7月28日、セル指揮、クリーヴランド管弦楽団（ライヴ）

⑩1969年9月28日、バルビローリ指揮、ロンドン交響楽団（ライヴ）

　以上のなかで、最初に半音を下げて歌っているのはセルがコンセルトヘボウに客演した⑥である。ところが、その約2カ月後にカラヤンと共演した⑦では楽譜どおりに歌っている。その次の⑧、これはEMIのセッション録音だが、ここでは再び半音下げている。ところが、その次の⑨では再び楽譜どおりに歌っていて、⑩では再度、半音下げている（この⑩は、演奏されているピッチが正しいとすると、最後から3小節目の嬰ハ音は半音低いハ音ではなく、さらに半音低いロ音、言い換えれば楽譜よりも全音低く歌っていることになる）。

　歌手は年齢を重ねるにつれて高音が出にくくなる。だから、普通に考えれば、例えば⑥で半音下げて歌ったのならば、それ以降はずっとそのピッチを採用し続けそうな気がする。ところが、半音の上げ下げが交互におこなわれているのはちょっと不思議である。体調によって、歌う間際にどちらかを選択したのだろうか。

もう一つの謎は、無類の完璧主義者とおぼしきセルが、よくぞこの半音下げを承諾したものだということだ。セルはオペラの経験も豊富だから、歌手の気持ちをそれなりに理解したのかもしれない。でも、基本的に一度限りのライヴならばまだしも、のちのちまで残るレコーディングでもこの半音下げを敢行した

フルトヴェングラーとフラグスタート

のには、正直、驚いてしまう。あるいは、セルはEMIの録音の前に⑥のときに半音下げの免疫ができていたので、⑧のセッションでは、それほど抵抗がなかったことも考えられる。

『4つの最後の歌』の世界初演は1950年5月22日、ロンドンのロイヤル・アルバート・ホールでキルステン・フラグスタートの歌唱、フルトヴェングラー指揮、フィルハーモニア管弦楽団でおこなわれたが、このときすでに波乱が起きていた。もともとこの作品は遺作であるために作曲家による曲順の指示はないが、刊行譜では「春」「9月」「眠りの前に」「夕映え」という順に定められている。フラグスタートとフルトヴェングラーは楽譜の指定とは異なり、初演当日は「春」を3番目に演奏していた。これは、ある程度想像がつく。「春」には至難の高音があり、最初に歌うには危険すぎると判断したのだろう（イタリア・チェトラのLP　FE41や、キングレコードのCD　KICC1385など、チェトラ系のLP、CDは実際の演奏順ではなく、楽譜の順に変えられていて、注意を要する）。

　フラグスタートが世界初演以降に歌った『4つの最後の歌』のライヴがいくつか残っているが、それらにはすべて「春」は含まれていない。フラグスタートが、自分にはこの「春」はもう歌えないとした判断は、潔いと言える。

　一方、シュヴァルツコップは半音下げてでも歌いたいと、ずっとし

がみついていた。そうまでしても歌いたいと思わせるほど、彼女はこの曲の魅力に取り憑かれていたのかもしれない。でも、これが例えば交響曲やピアノ・ソナタ、弦楽四重奏曲などで起こっていたら、どういった反応が起こるだろうか。あるいは、ベートーヴェンの『交響曲第3番「英雄」』の第1楽章だけが半音下げて演奏されたら、どう思うか。モーツァルトの『レクイエム』の第1曲「イントロイトゥス」が暗さを強調するために半音下げて始まったら、どんなだろうか。

　発売以来、世界中で高い評価を得ているシュヴァルツコップとセルによる『4つの最後の歌』。この第1曲だけ半音下げられた事実を考慮し、そのうえでこれが本当に世紀の名盤たりうるのか、真剣に議論すべきだろう。

No.2
プラハで聴く小林研一郎と
チェコ・フィルハーモニー管弦楽団

　"炎のコバケン"の異名を取る指揮者の小林研一郎は1974年にハンガリーの国際コンクールで第1位・特別賞を受賞して以来、海外ではハンガリー、チェコでの活躍が多い。その集大成とも言えるのが2002年5月、プラハの春音楽祭のオープニングで小林がヨーロッパ人以外の指揮者で初めてスメタナの『わが祖国』全曲を振ったことだった（DVD化されている）。それ以降も彼はチェコで活躍しているのだが、13年1月、小林がチェコ・フィルハーモニー管弦楽団の定期演奏会でベートーヴェンの『交響曲第9番』を振るというのを知り、一度この目でチェコでの小林の勇姿を見てみたいと思ったのである。それに、この公演はオクタヴィア・レコードで進行中の『ベートーヴェン交響曲全集』の最後の1曲ということもある。むろん、それだけではない。チェコ・フィルの本拠地であるルドルフィヌム（芸術家の家）のドヴォルザーク・ホール（大ホール）はヨーロッパでも屈指の音響を誇るというので、それもぜひ体験してみたかった。

　1月7日、成田をたちウィーン経由でプラハへ。ウィーンまで機内は満席、しかも自分の席は3連の中央。ひどく疲れてプラハ空港着。空港に着いて、まずホテル方面に向かう行き方を尋ねようと、案内所のようなところに向かったが、なかにいる女性は携帯電話で延々とおしゃべりをしている。こっちに気づいてはいるようだが、話をやめる気配はない。で、そこは諦めて別の場所に向かったが、今度はブースのなかで女性が何か食べていた。なんだ、行儀悪いなと思ったが、対応はしてくれた。

小林研一郎指揮チェコ・フィル、ベートーヴェン第9のプログラム

　なんとかプラハ中央駅に着いたものの、時刻はすでに夜。ガイド本どおりに券売機で地下鉄の切符を買おうとしたが、いくらコインを入れても、チャリンと戻ってくる。何度も繰り返していると、若い男が何やら言いながら手を出してこちらにやってきた。ここに長居をするのはまずいと判断、タクシーを利用するしかないと思った。でも、乗り場の周辺には、いかにもうさんくさそうな男が何人もたむろしている。

　と、右側のほうにもタクシーと矢印が出ていたので、こっちにしようと移動した。ところが、先に行くと、また矢印がある。しょうがないなと、さらに歩くとまた矢印。気がつくと、さっきの乗り場にたどり着く。なんだ、結局はここか、と。

　運転手に行き先を言い、いくらだと尋ねると、「700コルナ」（あとでわかったのだが、正規料金だとせいぜい「100」程度）。まあ、初めての街なので、夜道に迷って強盗に襲われる危険を冒すよりも、多少ぼったくられても安全にホテルに着くほうがましだと考えた。タクシーはホテルの正面玄関には入らず（インチキタクシーだから、入れないのだろう）、ちょっと近くに止めて、「ほら、あれだよ」と運転手が指をさし

た。

翌朝、疲労とぼったくりタクシーとですっきりしない気分だったが、それをプラハ城がすっかり忘れさせてくれた。まず、入り口付近のロプコヴィッツ宮殿でモーツァルトやグルックの自筆譜、ベートーヴェンの『交響曲第4番』の初演のときに使用された楽譜などを見てうなった。その先を歩くのだが、とにかくこのプラハ城、9世紀から14世紀にかけて建てられたということだが、なんとまあばかでかい。とても1日では回れないほど。そのなかにある聖ヴィート大聖堂、これも外から見ても巨大そのものだが、なかがまた仰天ものである。ステンドグラスも美しく、その荘厳な雰囲気は言葉を失うほどだ。この大聖堂や城の写真をいくつか撮ったが、そのすごさは写真にまったく入っていない。とにかく、ここは少なくとももう一度は訪れたいと、強く思った。

翌9日、スメタナ博物館などを見たあと一度ホテルに戻り、休んでから夜の『第9』に備える。ホール横のとても心地いいルドルフィヌム・カフェでひと息入れ、いよいよホール内部に入る。天井が高く、内部の装飾は長い伝統を感じさせるものだ（開館は1885年）。客席は横に広く、通路は左右だけ。たまたま手にしたチケットは1階席14列（最後尾が18列）の右端。最初は三枝成彰の『弦楽のためのレクイエム』。東日本大震災の犠牲者を悼んで書かれたものだ。指揮者の棒が振り下ろされると、日本のホールでは聴いたこともない、柔らかく、よく通る音が響き渡る。プラハの人はこんなにすばらしい音をいつでも聴けるのかと、うらやましく思った。

休憩時間、売店に立ち寄る。その日、前日にそこで買ったネクタイを着用していた。それを指さしたら、無愛想と思われた女性店員が顔をくしゃくしゃにして喜んでくれた。

いよいよ後半の『第9』。前半と同様、全体のふくよかな響きはまったくの初体験である。例えば、コントラバスは単に明瞭に鳴るだけではなく、響きのうまみ成分のようなものも感じた。木管楽器もまろやかに溶け合い、ホルンも美しくこだまする。トランペットや打楽器

拍手に応える小林研一郎（2013年1月10日、筆者撮影）

も決して刺激的ではない。そして第4楽章、独唱と合唱（プラハ・フィルハーモニー合唱団）が加わる。独唱が無理なく通るのも感心したが、透明感があり、しかも豊かな力強さの合唱は感涙ものだった。私はこの『第9』の直前、前年12月末の東京芸術劇場でも、小林指揮の『第9』を日本フィルハーモニー交響楽団で聴いている。指揮者がやりたかったことを忠実に再現したのは、もしかすると日本フィルとの演奏が上だったかもしれない。このチェコ・フィルとのそれは古典的な均整美が強いものだが、ここまで印象が違うと、どちらがいいとか悪いとか、簡単には言えないだろう。とにかく、ドヴォルザーク・ホールでの聴いたこともない音に対しては、驚きの連続だった。しかも、前日にプラハ城でチェコの伝統や文化の重みにどっぷり首まで浸かったあとだったので、「聴いてよかった、生きていてよかった」と率直に感動した。終演後はあっという間に観客が総立ちの拍手で演奏をたたえていた。その光景は日本人の聴衆の一人として、実に誇らしい瞬間でもあった。

　その翌日、予定はしていなかったが、2日目の公演も聴くことになった。席は2階最前列の左端。響きは1階よりも少なめで、各パートがやや明瞭に聞こえる。演奏自体はこの2日目のほうが安定していたが、ホールの響きは1階のほうが好ましいと思った。この日、終演後は約7割の聴衆が立ち上がって拍手をしていた。

　私は翌日ウィーンに行き、世界最高の響きとも言われる名ホール・

ムジークフェラインザール（大ホール）も聴いた。座席位置は1階のちょうど真ん中あたり。インターネットで予約し、チケットを引き取るときに係員が「とてもいい席ですよ」と言っていた。聴いたのはファビオ・ルイージ指揮、ウィーン交響楽団。演目はR・シュトラウスの『ブルレスケ』（ピアニストを忘れてしまった）、ストラヴィンスキーの『ペトルーシュカ』は覚えている。最初の曲が終わって次の『ブルレスケ』用にピアノが出てくるのだが、まず、足がないピアノを運び入れ、そのあとに足を持ってきて、舞台上で組み立てている。場所の都合で、足が付いたままだと運べないようだが、ピアノ協奏曲のときはいつもこんなにのんきなんだと思った。

　ところで、座席位置も関係しているのだろうが、音そのものの衝撃度はドヴォルザーク・ホールのほうが上だった。しかし、ウィーンのそれも内部の装飾といい音の柔らかさといい、実にえも言われぬものがある。

　この2つのホールで気がついたことは、写真撮影に関しては実に寛容なことだ。つまり、本番中以外であれば、いつでもどこでも撮影可である。その点、日本では本番前の無人の舞台でさえ、撮影しようとすると係員がすっ飛んでくる。

　話がちょっとずれるが、ムジークフェラインザールのロビーで、アジア系の人がトレーニングパンツをはいていたのを見かけた。それはまるでジョギングの途中で立ち寄りました、みたいな格好である。基本、おとなしく聴いているのならば問題はないだろうが、明らかにこの場所にはふさわしくない服装は、やはり遠慮してほしい。

　ドヴォルザーク・ホール、そしてムジークフェラインザールという世界でも屈指の名ホールを立て続けに経験したわけだが、これが優れたホールの条件なのではと思うことがあった。それは、客席から舞台の奏者たちがとてもよく見渡せることである。ドヴォルザーク・ホールは上から舞台を見下ろす感じで、反対にムジークフェラインザールは奏者が傾斜があるひな壇に座っているので、見上げるようになっている。

　これが例えば東京のサントリーホールの1階席だと、オーケストラの場合、木管楽器周辺が見えにくい。最悪なのは東京オペラシティのホール・タケミツメモリアルで、これもオーケストラの場合、1階席に座っていると弦楽器の舞台側に座っている人と金管楽器、ティンパニくらいしか見えない。木管楽器は演奏中、音だけが鳴り響いて誰が吹いているのかわからず、終演後に指揮者がサインを出して立ち上がって、やっと奏者の顔がわかる。

　生演奏というのは、演奏者の弾く、吹く、叩く動作を見るのも楽しみの一つと言える。それが十分とは言えないホールは、音響の面でもなんらかの問題を含んでいるし、出かける意欲をどことなくそぐものでもある。

No.3
クリストファ・N・野澤をしのぶ

　日本人演奏家と日本で活躍した海外の演奏家についての研究の第一人者でありコレクターだったクリストファ・N・野澤が、2013年8月13日に亡くなった。享年89歳。この知らせはなぜか伏せられていて、9月に入って私を含めた多くの音楽関係者に伝えられた。

　野澤の名前はディスク類には監修者として記載されていて、言うなれば黒子的な存在でもあるため、一般にはそれほど広く知られていないかもしれない。しかし、音楽業界では「頼みの綱」を失った悲しさとやるせなさが静かに広がっていた。

　野澤は1924年4月24日、東京生まれ。小学校時代はイギリス・ロンドンで過ごし、このときにハミルトン・ハーティら多くの演奏家を聴く。帰国後、暁星を経て名古屋帝国大学に入学、遺伝学を専攻。卒業後は上智大学、清泉女子大学などで生物学を講義。コオロギの研究では著作もあり、北杜夫『どくとるマンボウ昆虫記』（〔新潮文庫〕、新潮社、1966年、181ページ。当時の筆名は野澤登）でもふれられている。また、昆虫の鳴き声を録音したレコードの監修もおこなう。父親のコレ

クリストファ・N・野澤（2006年4月
撮影、写真提供：富士レコード社）

クションを戦火で失うが、戦後から日本人演奏家のものを中心に収集を始める。ラジオ番組『音楽の森』（エフエム東京、1976-90年）では立川澄人らとのトークで人気を博した。

　私が野澤と初めて会ったのは2000年か01年だと思う。とある方から「会ってみませんか」と言われたが、なにせコレクターのなかには一癖も二癖もある人が多い。それに、「クリストファ・N」というペンネーム（クリスチャンであるご本人の創作らしい）も、なんとなくキザったらしく思えて、つい二の足を踏んでしまった。だが、会ってみた野澤は非常に温和な紳士だった。

　最初の出会いは野澤の自宅である。部屋にはレコードや資料類がびっしりと並んでいた。コレクターのお宅におじゃますると、「お聴かせしたいが、行方不明なので次回までに探しておきます」ということがときどきある。けれども、野澤の主要なコレクションはきちんと整理されていて、そのようなことはまったくなかった。ノートがたくさんあって、個々の演奏には番号が付けられていて、その該当の番号のCD-R、MD、カセットテープなどがすぐに取り出されるのだ。もちろん、SP盤も次から次へと出てくる。とにかく、野澤の家に伺うと、あれこれと希少な音源が矢継ぎ早に鳴らされるし、見たこともないような貴重なプログラムや写真などが次々に出されるので、ひたすら「ええっ？」とか「おー！」とか、そんな声を出しっぱなしだった（後日、野澤からこう聞かされた。「きちんと整理されていてすごいですね、と言われるけど、客人からは見えない奥のほうには未整理になっているものが山積みされているのですよ」）。

　野澤は自身の収集方針について、以下のように言っていた。「海外の演奏家を掘り下げるのは海外の人たちに任せればいいんです。日本人の演奏家、日本と関わりがある海外の演奏家のことは、日本人にし

かできませんから」「私はとにかく現物主義。雑誌の予告にあった、カタログに載っていた、それをうのみにしてはいけません」「完璧な人間はいません。どんな立派な資料だって間違いはあります。それに単にケチをつけるのではなく、みんなで情報を交換しあって、より精度の高い物を作り上げればいいんです」

『日本SP名盤復刻選集』I

　その野澤が関わった企画のなかでも、最も注目すべきはロームミュージックファンデーションの『日本SP名盤復刻選集』I -IV（現在は流通在庫か、中古だけ）だろう。全4巻24CDには日本人の演奏、日本人の作品、海外演奏家による日本での録音がぎっしりと詰まっている。例えば、巌本真理によるルクーの『ヴァイオリン・ソナタ』、草間（安川）加寿子によるサン＝サーンスの『ピアノ協奏曲第5番』、中村紘子の著作に出てくる伝説のピアニスト久野久によるベートーヴェンの『ピアノ・ソナタ第14番「月光」』、ほかにも日本の音楽界の発展に大きく寄与したピアニスト、レオニード・クロイツァーとレオ・シロタなど、このセットでしか聴けない演奏は非常に多い。解説も非常に充実していて（英語版もある）、これは野澤の存在なくしては成立しえなかったものだろう。日本コロムビアから発売された『諏訪根自子の芸術』（COCQ-85013〜4）も野澤の監修だった。このCDはコンプリートになっていたが、同社には原盤が保管されておらず、野澤がすべてそろえていたからこそ、実現できたことだった。

　野澤のコレクションのなかには海外の演奏家、特に弦楽器関連のSPが多かった。グリーンドア音楽出版（http://greendoor.jp/index.php [2021年9月2日アクセス]）からはその野澤コレクションからブーシュリ門下の2人の逸材ヴァイオリニスト、ジャンヌ・ゴーティエ（GDCS-0026）、ドゥニーズ・ソリアーノ（GDCS-0031）のものが出ている。これらはほかに類例がない復刻盤である。

　野澤と会って以来、個人的に最も印象が強いのは、1910年に録音されたベートーヴェンの『交響曲第5番』（ドイツ・オデオン）だった。

このSP盤は指揮者の記載がなく、しかもシュトライヒ・オルケスター（ストリング・オーケストラ、弦楽合奏団）と記されていることから、長い間「弦楽器だけで演奏された駄盤」と認識されていた。ところが、野澤が入手したSP盤を聴くと、フル編成であり、カットもない完全全曲だったことが判明したのである。それまではベートーヴェンの『交響曲第5番』と言えばニキシュ指揮、ベルリン・フィルの1913年録音が史上初の全曲盤とされていたが、この定説が見事に覆されたわけである（CDはウィングディスク　WCD-62〔廃盤〕）。

　2012年の秋ごろだと思う。いつもと違って、私は一人で野澤宅におじゃました。そのとき聴いた諏訪根自子と巖本真理によるバッハの『2つのヴァイオリンのための協奏曲』（現在はキングインターナショナルKKC2516としてCD化）に驚いたが、印象的だったのは、「昔はこんなこともやっていたんです」と聴かせてもらった、野澤自身のホイッスリング（口笛）演奏だった。

　私たちがばったり会うのは、言わずとしれたレコード店。少し立ち話をし、別れ際の野澤の言葉はいつも同じだった。「お時間があれば、またお立ち寄りください」

　もう二度とおじゃまできなくなったのは、なんとも寂しい。

（略歴に関しては富士レコード社、河合修一郎氏から情報を提供していただきました。）

No.4
悪用されているデジタル技術

　少し前のこと、自分のレーベルでのCDを制作するときに起こったことである。ある序曲のピッチが若干高く、エンジニアには1パーセントか1.5パーセント程度下げてくれるように依頼した。ところが、やり直したものの演奏時間は、修正する前のものとまったく同じだったのである。テープ録音の場合、ピッチを下げるにはテープ速度をわずかに遅くし、ターンテーブルの場合だと回転数をほんの少し下げる。

こうすると演奏時間がわずかに長くなることは詳しく説明するまでもないだろう。

　演奏時間がまったく変わっていないことをエンジニアに尋ねたら、「ピッチを変えても演奏時間は変えないでくれという要望が多いので、それと同じにしました」ということだった。例えば、カラオケなどではこうした技術はかなり前から普及しているが、まさかCDの編集の現場でもこれが日常的になっているとは思わなかった。

　これに付随したことが2000年ごろにあった。ヨーロッパのあるレーベルの宣伝担当者が来日したときのことである。「近々、これを発売します。ジャケットはまだできていないけど、CD盤はできています」とCDを渡された。それはグスタフ・マーラーの『交響曲』で、1枚に収録されていた。早速試聴してみたが、何かとても奇怪な感じがした。はっと気がついたら、なんと、完全にピッチが半音高いではないか。私はすぐにもらっていた名刺のアドレスにメールを送信してこのことを伝えると、「あなたの言うとおりだ！　でも、いままで誰一人そんなことを言った者はいなかった。教えてくれて、ありがとう！」と返信があった。

　しばらく時間が経過したとき、このマーラーの一件をふと思い出した。半音もピッチが高かったから、正しいピッチで収録し直したら、きっと2枚組みにせざるをえないのだろうと私は思っていた。そこで、今度は日本の担当者に連絡を取り、その後の進捗具合を尋ねた。すると、「ああ、あれですね。あの人はピッチを下げても演奏時間が変わらないようにできるから、1枚で大丈夫だと言ってました」と説明された。大丈夫、じゃないだろうに。

　これは比較的最近のことである。あるヴァイオリニストがCD1枚分の新録音をおこない、エンジニアに対して実に240カ所以上の編集を依頼した。最初に声をかけられたエンジニアは唖然とし、この要求を断った。2人目に声をかけられたエンジニアも、最初は編集箇所の多さに戸惑いはしたものの、なんとかこれをやり遂げたのだった。私はたまたまこのエンジニアと電話で話をすることがあって、彼からこ

の顛末を聞いたのである。

　こうした話は本来、密室の出来事として口外すべきものではない。しかし、CD1枚分の分量で250近くものハサミを入れたならば、もうそのヴァイオリニストの演奏とは言えないだろう。購入者を愚弄した行為と言えるのではないだろうか。こんなに細かい編集は、その昔のアナログテープではまったく不可能である。でも、いまの技術だと、時間さえかければできてしまう。考えてみれば、ちょっと恐ろしい。

　また、最近は特にオーケストラの新録音などで、収録会場が3カ所も記されているCDも珍しくなくなった。例えば、「サントリーホール、東京芸術劇場、横浜みなとみらいホール」といったように。セッションであれライヴであれ、ホールは録音する際には重要な要素である。しかし、3カ所の音をミックスしてできあがっているCDとは、何か違和感がある。要は、音を適当に録って、あとで音を電気的にならすことではないか。ホールがもつ響きを生かしていないのではと思う。けれども、制作者側は「ホールの音の違いを不自然になることなくならせるのも、デジタル技術の恩恵」とでも言うのだろうか。

　書きながら、こんなことも思い出した。あるレーベルが売りにしている最新録音技術である。CDの帯にも時代の先端をいく技術のようなことが記してある。これに関しては、そのレーベルの宣伝担当者がこう言っていた。「これはある編集ポイントを決めると、あとはコンピューターが勝手に音を作ってくれるんです。めちゃくちゃ楽ですけどね。でも、本当にこんなことでいいのかなとも思います」

　蓄音器でSP（78回転）を聴くイベントがあって、私もときどきその案内役として依頼された。さすがにコロナ禍でそのイベント自体がずっと休止のままだが、私は毎回ではないけれども、こんなふうに言っていた。「SPはいまの技術からするとダイナミック・レンジは狭いし、片面4分弱しか収録できないし、デメリットは多いです。でも、SPこそ最も信頼できる媒体でもあるんです。なぜなら、片面収録している間、まったく編集なんかできません。収録したあとに、その面を使うか使わないか、その判断をするだけです。ですから、演奏者の演奏が

ありのまま刻まれているんです」

No.5 戦前のベルリンで活躍した指揮者、オスカー・フリート

　第二次世界大戦は、あらゆる意味で大きな転換点だった。そして、現代の私たちにとって、戦争終結以前に活動を終えた人々は、実質的な時間以上に遠い過去の存在に思える。20世紀の初頭、おもにベルリンで活躍した指揮者オスカー・フリートもその一人だろう。

　なぜ、こんな古い人の話を？　それは彼が2つの点——レコードの黎明期の記録と作曲家マーラーとの関係——で、必ず浮上してくる指揮者だからである。

　フリートは1871年、ベルリンでユダヤ人の家庭に生まれた。ホルンとヴァイオリンを学び、のちにフランクフルトのポピュラー楽団でホルンを吹くようになるが、ここで彼は作曲家のフンパーディンクに出会う。彼から多くを学んだフリートは、1904年、ベルリンのシュテルン合唱協会の指揮者になる。翌05年、同協会でフランツ・リストのオラトリオ『聖エリーザベトの物語』を上演、これがきっかけでマーラーとの交遊が生まれた。以後、フリートはマーラーに「いつも影のようについていた」（マーラー夫人アルマの言葉）というほどの親密な関係が始まる。マーラー亡きあとはマーラー作品の普及に貢献しただけではなく、数多くの作品の初演（世界初演、ドイツ初演など）を手がけるなど活躍したが、34年にナチスを避けるためにソビエト連邦（当時）に移住した。そこで彼はグルジア（現ジョージア）の首都トビリシやモスクワのオペラ、オーケストラを振り、40年にソ連の市民権を得る。しかし翌41年、70歳の誕生日がほど近い日、フリートは自宅で不審死しているのを発見された。一説には政治的理由で暗殺されたとも言われるが、真相は不明である。

　フリートとマーラーとの出会いは先ほどふれたが、記録をひもとい

てみるとフリートは『交響曲第2番「復活」』のベルリン初演（1905年11月）、『交響曲第6番「悲劇的」』の同じくベルリン初演（1906年10月。ともにマーラーが立ち会う）、『大地の歌』のベルリン初演（1912年10月）、『交響曲第9番』のドイツ初演（1913年2月）ほか、1920年にはウィーンでマーラー・ツィクルスを開催するなど、マーラーの権威にふさわしい活動をしていた。

　もう一つ、レコード録音でのフリートの功績は以下のとおりである。1925年ごろまではラッパで集音するラッパ吹き込み、機械式（アコースティック）と呼ばれる原始的な録音方式だった。ダイナミック・レンジは異様に狭く、しかもSP盤の片面は4分弱しか収録できなかった。したがって、1900年代前半に優先的に録音されたのは声楽やピアノ、ヴァイオリンなどの小編成の小品だった。ところが10年代に入ると、徐々にオーケストラの録音も始まるようになる。とはいえ、先ほどふれた録音特性や収録時間のため、編成が大きいもの、演奏時間が長い作品は後回しにされた。

　だが、そんな劣悪な条件のもと、フリートは1924年前後にかけて、マーラーの『交響曲第2番』（2人の独唱者と合唱団を含む）、R・シュトラウスの『アルプス交響曲』（通常120人程度で演奏される）、そしてブルックナーの『交響曲第7番』のそれぞれ世界初の全曲録音をおこなったのである（レーベルはドイツ・ポリドール〔グラモフォン〕）。

　とにかくこの時代にマーラー、ブルックナーなどの交響曲を全曲録音した例はほかになかった（参考：同時期にクレンペラーがブルックナーの『交響曲第8番』の第3楽章だけを録音している）。

　もう一つ、1924年に発売されたベートーヴェンの『交響曲第3番「英雄」』がある。これは22年に収録されたヘンリー・ウッド指揮、ニュー・クイーンズ・ホール管弦楽団（イギリス・コロンビアL1447/9）に続く史上2番目の全曲録音だが、ウッドは大幅なカットを施して録音しているため、このフリート盤が世界最初の完全全曲録音として知られている。

　以上の4曲のオーケストラはベルリン国立歌劇場管弦楽団だが、さ

すがにこの貧弱な音だと今日の水準では鑑賞用とは言いがたい。

フリート／ベートーヴェン『英雄』（アービター）

しかし、それでもやはりマーラーの『復活』（①）は聴く価値が大きい。演奏は、かなり個性的だ。つまり、速いところは速く、逆に遅いところは情を込めてたっぷりと歌うのだ。しかも、当時のベルリン国立歌劇場管弦楽団は弦楽器（特にヴァイオリン）がポルタメントを多用しているので、艶やかさがいっそう強調されている。フリートはマーラーから直接指示を受けていたわけだから、このような解釈はマーラー自身の意図をそっくりそのままなぞったものと想像することは可能だろう。

『アルプス交響曲』（②）はオルガンやウインド・マシーン（風の音を出す装置）がカットしてあるのは理解できても、細部があまりに聴き取れない。記録的価値以上のものはなさそうだが、でも、よくぞこんな大規模な全曲録音をおこなったものだと、あらためて驚く。

ブルックナーの『交響曲第7番』（③）は『復活』同様、個性的である。とにかく場面ごとにテンポは変わるし、相変わらず弦が艶っぽい音を出している（例えば、第3楽章のトリオなど）。

ベートーヴェンの『英雄』（④）は正統的な部類だが、第3楽章のスケルツォはかなりテンポが速いし、第4楽章のコーダは猛スピードすぎてアンサンブルが崩壊している。それでも製品になっているのは、その時代のおおらかさゆえだろうか。

1925年、マイクロホンによる電気録音が始まると、その音質は飛躍的に改善された。フリートもこの時代に録音するが、そのなかにはベートーヴェンの『交響曲第9番「合唱」』（⑤）もある。これはテンポが速い、さっそうとした演奏だが、群を抜いてすばらしいとは言えない。

彼らしさが出ているのはチャイコフスキーの『交響曲第6番「悲愴」』（⑥）だ。テンポは速いが音楽に熱と力があふれていて、第4楽

フリート／チャイコフスキー『「くるみ割り人形」組曲』（プライザー）

章の激しい緩急の差も印象に残る。

奇怪な演奏としてはチャイコフスキーの『「くるみ割り人形」組曲』（⑦）がある。注意してほしいのは、この曲をフリートは2度、1928年（ベルリン国立歌劇場管弦楽団、ドイツ・ポリドール）と29年（ロイヤル・フィルハーモニー管弦楽団、イギリス・コロンビア）に収録していること。そして一種異様な演奏は後者である。前者も曇天のような重苦しい演奏だが、後者は尋常ではない。最初の「序曲」と「行進曲」は常軌を逸した速さで、次の「こんぺいとうの踊り」は破格に遅い。続く「トレパック」は「トレ "パニック"」と名前を変えたほうがよさそうなほど速い。おそらく限界に近い速さだろう。そして、次の「コーヒー」がまた遅い。前の「トレパック」が破格に速かったのでこの「コーヒー」はいっそう遅く感じられる。最後の「花のワルツ」も最初はほどほどの雰囲気で開始されるが、次第に足早になり、最後は指揮棒をぶんぶん振り回しているような感じである。

CD化されていないなかでは、ベルリオーズの『幻想交響曲』が怪奇演奏として一部の人に知られている。これはメロディアやアリオラ・オイロディスクでLP化されていたものだが、冒頭を聴いただけで、普通ではないことがわかる。とにかく、遅く、暗く、それこそお化けが出てきそうな雰囲気なのだ。そのほか、特徴的な箇所をあげるなら第4楽章だろう。ここも異様に遅く始まる。少しずつテンポが上がってはいくが、足を引きずるような重さはそのままで、やがて建物がガラガラと音を立てて崩れるようにテンポが落とされる。「病んだ演奏」とでも言ったらいいのか、とにかくこの曲の演奏で最も特色があるものであることは間違いない。

もう一つ、忘れてはならないのはブラームスの『交響曲第1番』（⑧）である。これは唯一のLP復刻（アメリカ・パースト・マスターズPM32）が存在する。演奏はなかなか聴き応えがあるし、面白い。第1

楽章は序奏からいかにも艶っぽいヴァイオリンが印象的である。主部に入ると音楽運びは実に生き生きとしているが、終わる直前で大きくテンポを落とすように、主部全体にはフルトヴェングラー風なテンポの動きがある。

第2楽章は弦楽器の歌い方が豊潤で、むせかえるようなロマンに満ちている。この楽章の雰囲気もフルトヴェングラーを思わせる。

フリート/ブラームス『交響曲第1番』(パースト・マスターズ)

第3楽章はごく標準的だが、第4楽章では主部の快速にちょっと驚かされる。おそらく、アーベントロートに次ぐ速さではないだろうか。ただし、フリートの演奏には、アーベントロートのようなけれん味はない。

この演奏はドイツ・ポリドール(69701〜5、1924年8月発売)からの復刻だろうが、LPのジャケットには詳しい記載がない。ただ、パースト・マスターズのLPにはペラ紙の解説が封入されていたはずで、そこには明記してあったのだろう。自分が買ったLP(中古で買ったと記憶している)には、それが添付されていない。いずれにせよ、CD復刻がないのは寂しいので、できれば自分の手で、採算を度外視してでも復刻したいと思っているが、なにせこのSPは超ウルトラ入手難である。私はいままで現物はおろか、文字情報でさえ見たことがない。

なお、このフリートによるブラームスの『交響曲第1番』は、世界で最初に発売された全曲録音だった(フリートの録音データは不明だが、ワインガルトナー指揮、ロンドン交響楽団〔イギリス・コロンビア　L1596〜600〕は1923年11月と24年3月に収録されていて、おそらくフリートよりも先に録音されたようだ。しかし、ワインガルトナー盤はフリート盤の約5カ月後の25年1月に発売されている)。

私がこのフリートのような古い演奏を追っているのは、演奏史の変遷を知りたいからである。戦前・戦後を通じて、フリートのように、緩急や明暗といった表情を、ある程度大げさに表現した演奏は少なくない。それは、オーケストラに限らず、歌曲や室内楽、器楽曲にもみ

られる現象だ。それと、オーケストラの弦楽器、歌唱にもポルタメントが多用されているのもこの時代の特色である（歌唱のポルタメントは前述の『復活』や『第9』にも顕著）。1920年代がこうならば、1880-90年代も同じだったと考えてもおかしくない。さらに、そのころの交通や通信の発達の程度を考慮すれば、1850年ごろも同じだったのではないか。もうひと息さかのぼればベートーヴェン（1827年没）の時代だ。このころもきっと、お涙頂戴式の演奏が多かったのかもしれない。しかし最近の定説では、こうした古典派の時代は、素っ気なく一直線に弾き、吹いていたとされている。断定的なことは言えないが、この定説、私はまったく間違っているような気がする。

（ドイツ・ポリドールの録音台帳は戦火で失われたため、このフリートをはじめ、戦前の録音データの大半は不明である。発売年月は記録に残っているが、一部のディスクにはこの発売日を録音日として誤って記載している。）

オスカー・フリートの主要CD
①マーラー『交響曲第2番「復活」』ほか（録音：1924年ごろ、香港・ナクソス　8.110152-3）
②R・シュトラウス『アルプス交響曲』ほか（録音：1925年ごろ、アメリカ・ミュージック＆アーツ　CD-1167）
③ブルックナー『交響曲第7番』ほか（録音：1924年ごろ、アメリカ・ミュージック＆アーツ　CD-1231）
④ベートーヴェン『交響曲第3番「英雄」』ほか（録音：1923年ごろ、アメリカ・ミュージック＆アーツ　CD-1185、またはアメリカ・アービター　140）
⑤ベートーヴェン『交響曲第9番「合唱」』（録音：1929年ごろ、香港・ナクソス　8.110929）
⑥⑦チャイコフスキー『交響曲第6番「悲愴」』『「くるみ割り人形」組曲』（録音：1929年、オーストリア・プライザー〔Preiser〕　PR-90326）
⑧ブラームス『交響曲第1番』（録音：1924年ごろ、アメリカ・パースト・マスターズ　PM32〔LP〕）
＊①-⑤⑧ベルリン国立歌劇場管弦楽団、⑥⑦ロイヤル・フィルハーモニー管弦楽団

テオドール・クルレンツィスを検証する

1972年にギリシャのアテネで生まれたテオドール・クルレンツィス、彼はいまのクラシック界では最も注目されている指揮者の一人だろう。ドイツ、フランス、チェコ、イギリス、ロシアなどではなく、ギリシャ出身というところが時代の流れを感じさせる。

公式情報によると、生年の次の経歴は1990年代初頭、サンクトペテルブルク音楽院時代まで飛んでいる。この音楽院でクルレンツィスはイリヤ・ムーシン（門下にはゲルギエフ、ビシュコフらがいる）に指揮法を学ぶ。のちにノヴォシビルスク国立歌劇場と同管弦楽団の音楽監督に就任（2004-10年）するが、2004年には、現在の彼のオーケストラであるムジカエテルナが創設されている。クルレンツィスは12年にソニーミュージックと専属契約を結ぶが、それまでにウィーン・フィルハーモニー管弦楽団、ドイツのミュンヘン・フィルハーモニー管弦楽団、オランダのロイヤル・コンセルトヘボウ管弦楽団など主要なオーケストラを振り、さらにイギリスのロイヤル・オペラ・ハウス、スイスのチューリヒ歌劇場、フランスのパリ・オペラ座、ロシアのボリショイ劇場など、オペラでも活躍している。

聞くところによると、クルレンツィスとムジカエテルナの団員は、ときに合宿生活を送り、その間にリハーサルはもちろんのこと、読書、詩の朗読、舞踏などの勉強会もおこなっているという。演奏旅行でずっと一緒というのは普通にあるが、共同生活というのは過去に例がないだろう。

専属契約後、クルレンツィスらはモーツァルトの『歌劇「フィガロの結婚」』（録音：2012年①）、『歌劇「コジ・ファン・トゥッテ」』（録音：2014年②）、『歌劇「ドン・ジョヴァンニ」』（録音：2015年③）、いわゆるダ・ポンテ3部作を録音している。これら3つを聴いていると、まさに合宿生活の成果が出ているとも言える。オーケストラ部分のき

ちっと整えられた響きはもちろんのこと、クルレンツィスが歌手の歌い方まで細かく指示を与えているのがよく聴き取れる。特に叙情的なアリアなどは抑制が効いたオーケストラの響きと、調和が取れた歌手たちの爽やかな美声とで、実に気持ちがいい。

しかし、音楽が激しくなると、古楽奏法特有の固いリズム、破裂音のような金管楽器や打楽器、思いきり強調される内声部の刻み音などが耳につきすぎるのだ。極端に言うと、ごくかすかな弱音と、轟音のような強音が交互に現れるような感じで、いささか疲れてくる。

しかし、ストラヴィンスキーの『春の祭典』（録音：2013年④）はモーツァルトのオペラのような過激さはないけれど、十分に聴き応えがあると思う。個性的な表現はあちこちにみられるが、それほど極端にはならず、オーソドックスと言ってもいいくらいだ。でも、リズムは切れるし、響きは新鮮で若々しく、何よりも十分なリハーサルで響きを練り込んだのが感じ取れる点がすばらしい。数ある『春の祭典』のCDでも、かなり上位に食い込む名演だと思う。

ストラヴィンスキーと同列と言えるのがマーラーの『交響曲第6番「悲劇的」』（録音：2016年⑤）である。クルレンツィスがマーラーのなかで最初に『第6番』を選んだのがよくわかるような、きわめて厳しく鮮烈な演奏である。また、客席では聴き取りにくいハープやチェレスタなどをあえてマイクに近いままにして収録してあるようで、独特の華やかな色彩感もうまく演出されている。第3楽章の美しさなども、めったに聴けないほどだとも思った。

しかしながら、このマーラーについては注意点がある。それは1枚のディスクで84分20秒という超長時間収録であること。この種のCDは、最近のCDプレーヤーではほぼ問題なく再生されるらしいが、古いCDプレーヤーでは再生できない場合もあると聞いている。本来はルール違反の規格なので、できれば避けてほしい。

チャイコフスキーの『交響曲第6番「悲愴」』（録音：2015年⑥）は、特に第1、第4楽章が個性的である。感情の起伏を極端なまでに広げた解釈で、ある意味、言いたいことが非常によくわかる演奏だろう。

でも、エコー効果（同じフレーズが2回続くと、2回目を弱くする）を多用しすぎるのと、聴き取れないほどの弱音はちょっと問題である。

ベートーヴェンの『交響曲第5番「運命」』（録音：2018年⑦）は、よく言えば、これまでのディスクのなかでも最も緻密に作り込まれた演奏である。基本のテンポは速く、微妙な揺れはあるものの、基本的にはストレートである。しかし、長い音を短く、短い音を長く、強い音を弱く、弱い音を強くというのは、いかにも小手先という気がする。また、アクセントを加えて4拍子を3拍子風に、同様に3拍子を2拍子風に改変するというのも、ごくたまにやるとドキッとするが、多用されるとちょっとうんざりする。また、モーツァルトのオペラのときのように、ハンマー的な強烈な音が連続すると、刺激を通り越して、やかましいとも思う。

クルレンツィス／ベートーヴェン『交響曲第7番』（ソニーミュージック）

同じくベートーヴェンの『交響曲第7番』（録音：2018年⑧）は、『第5番』と同傾向というか、さらに細部にこだわった演奏だろう。結論を言えば、全然感動せず、ひたすら疲れてしまった。第1楽章は非常に張りがある音で始まるが、クレッシェンドやディミヌエンドを細かく操作するなど、早速仕掛けが登場する。長く伸ばした前打音、強調されるスフォルツァンドなどは想定の範囲内である。主部に入ると基本のリズムを長めにしたり、反対にスパッと切ったりし、あるいは息が長いクレッシェンドのなかで音量を操作するなど、常にピリピリと電気刺激を与えられるような気分で落ち着かない。

第2楽章冒頭は、ある意味最悪だろう。木管楽器のあと、まったく音が出てこないので再生不良かと思ったら、ものすごく小さな音で低弦が鳴っている。第2部に入るとヴァイオリンの3連符を聴こえないほど抑えているが、効果的どころか、ベートーヴェンが書いた音の意味を完全に失っている。第3楽章はリズムの切れこそなかなかいいと思ったが、相変わらず音量の増減が煩わしい。

第4楽章も基本のテンポは適正だと思うが、それまでと同じく、あちこちで表情が変えられている。先行する3つの楽章からすれば、この楽章もこういった刺激満載になることは明白かもしれない。でも、これって本当に革新的な解釈と言えるのだろうか。私には「非常に手の込んだ落書き」に思える。落書きという言葉がまずければ、いっそのこと編曲にすればいい。ムソルグスキー（ラヴェル編）『展覧会の絵』のように、ベートーウェン（クルレンツィス編）『交響曲第7番』と。

　最近の、特にオーケストラ、オペラなどの大所帯の録音は、経費節減のために複数のライヴを編集したり、ライヴとリハーサルをつなげてCDを作るのが当たり前になっている。しかし、彼らは最初からセッションで収録をおこない、音質的にも音楽的にも非常に質が高いものを提供しようとしていて、これは評価できる。だがやはり、特にベートーヴェンの2曲を聴いていると、本当にクルレンツィスは「心から」そう感じて指揮しているのだろうかと疑問に思う。

文中でふれたクルレンツィスのCD
①モーツァルト『歌劇「フィガロの結婚」』（SICC-30153〜5）
②モーツァルト『歌劇「コジ・ファン・トゥッテ」』（SICC-30183〜5）
③モーツァルト『歌劇「ドン・ジョヴァンニ」』（SICC-30287〜9）
④ストラヴィンスキー『バレエ「春の祭典」』（SICC-30239）
⑤マーラー『交響曲第6番「悲劇的」』（SICC-30490）
⑥チャイコフスキー『交響曲第6番「悲愴」』（SICC-30426）
⑦ベートーヴェン『交響曲第5番「運命」』（SICC-30561）
⑧ベートーヴェン『交響曲第7番』（SICC-30566）
＊以上すべてオーケストラはムジカエテルナ、ソニーミュージック／ソニー・クラシカルから発売

No.7
プロデューサー、川口義晴のこと

　以下の文章は、CD誕生以前から日本コロムビアでプロデューサー
として活躍した川口義晴への追悼になるだろう。川口は一般のファン
からすれば黒子に徹した人生だったが、エリアフ・インバル指揮、フ
ランクフルト放送交響楽団によるマーラーの『交響曲全集』を担当し
ていたと言えば、わかりがいいだろう。亡くなったのは2017年の2月、
誰にも知られず、ひっそりと他界していたらしい。しかも、在籍して
いたレコード会社はおろか、関係各方面にまったく連絡がなく、私も
かなり時間が経過したあとに、風の便りのように知った次第である。

　川口の出身は北海道。青山学院大学フランス文学科卒業、同大学院
を修了。日本コロムビアに入社後はプロデューサーとして活躍し、
1998年に同社を退社。以後はフリーのプロデュース業や、2015年ま
で母校の青山学院大学で非常勤講師として教壇に立っていた。そのほ
か、詞（新実徳英の曲への作詞）や作曲、編曲も手がけていた。

　私と川口との初対面は1980年代初頭、85年2月ごろだったかもしれ
ない。ちょうど藤原真理が弾いたバッハの『無伴奏チェロ組曲全曲』
が発売されたときで、藤原のインタビューの際、川口も同席していた。
そのとき、川口が口にしたことを、はっきりと覚えている。「だいた
いね、アーティストはろくに文章が書けない連中ばかりでね。だから、
自分がその役割をやらなきゃいけないんだ。こう言ってはなんだが、
俺はね、文章は立つよ」。自信家だというのは事前に知っていたが、
アーティストの前で、ここまではっきり言っていたのには、いささか
驚いた。

　プロデューサーは録音現場にいることが多いので、日本コロムビア
におじゃました際、話をするのはおもに宣伝担当だった。ところが、
その日はたまたま川口が席にいた。私のような外部の人間が居合わせ
ている場合、目の前で部下を叱ったりしないのだが、川口はそうでは

インバル／マーラー『交響曲第6番「悲劇的」』

なかった。私との話をいったん遮り、ある部下を怒鳴ったのだ。「おい！　こないだ頼んどいたの、やったか？　ナニ？　まだ？　何モタモタやってるんだ！　まったくダメなやつだな、お前は！」

　程度の差こそあれ、プロデューサーのような人は、このようなタイプが多い。だいぶ前の話だが、某レコード・プロデューサーの下で働いていた人物に「あなたの元上司はどんな人か」と尋ねたら、「すべての悪を集約したような人だ」という答えが返ってきた。

　もちろん、周囲の人間に恐れられるだけではプロデューサーは務まらない。気むずかしいアーティストたちと対等にやりあい、頑固な関係者を説得することだって必要。音楽に対する知識や経験はもとより、不断の努力と強い精神力も要求される。

　冒頭でふれたインバルとの『マーラー全集』はヘッセン放送局との共同制作で開始したが、川口は最初のころ、録音現場に足を踏み入れることさえ拒否されたという。当然だが、川口がこれに甘んじるわけがない。彼は収録の合間のたびに、自分の意見をインバルに伝え続けた。すると、インバルはヘッセン放送局の関係者よりも、川口のほうを重視するようになったという（川口とインバルは、フランス語でやりとりしていたと記憶する）。

　実際、川口との会話のなかで、インバルのマーラー『交響曲全集』に対する彼の思いは非常に強く伝わった。まず、基本になるワンポイント録音がどれほど優れた収録法か、何度も聞かされた。また、『交響曲第6番「悲劇的」』は編成が巨大なためにやむなく補助マイクを使用したが、補助とメインマイクとの時間差を解消するために「遅延補正ミキシング」を採用、これを大いに自慢していたのも思い出す。

　このころ、世界のクラシック界はドイツ・グラモフォン、デッカ、フィリップス、EMI、CBS・ソニーなどのレーベルが元気で、旧ソ連、旧東ドイツでも録音が盛んにおこなわれていた。そんな状況にあ

って、川口は「まったく独自であり、世界で通用するCD」の制作に人並みはずれた情熱をもっていたように思う。特に、ドイツ・グラモフォンやデッカに対する対抗心は強く、帯刀して闘いに挑むサムライのような気迫さえ感じさせた。

初めての録音が川口担当だったというアーティストも少なくない。例えば、前出の藤原がそうだ。周知のとおり、藤原は1978年のチャイコフスキー国際コンクールで2位に入賞して話題になったが、川口が藤原に録音を依頼したのは、コンクールの前だったのである。

ピアノのエレーヌ・グリモーもそうだ。1985年当時15歳の彼女を起用し、ラフマニノフの『ピアノ・ソナタ第2番』を含むデビューCDを制作した。その後、グリモーが来日した際、川口は自宅のグランドピアノを開放し、グリモーに好きなだけ練習させたとも聞いている。

ヴァイオリンのジャン゠ジャック・カントロフの録音も多かった。なかでは児島新校訂によるベートーヴェンの『ヴァイオリン協奏曲』が印象的だった。この楽譜は初演のときにいちばん近いとされるが、この点についても川口から制作裏話などを聞いた記憶がある。

音質や使用楽譜にもこだわりがある川口は、CDに細かいインデックス（第1主題、第2主題、○○の引用、など）を付けることを続けた。これは、ある意味非常に便利だが、最近のCDプレーヤーにはインデックスの機能が搭載されていないものが多くなっているのが残念だ。

あるとき、川口がこうつぶやいた。「メジャーはいいよなあ、俺たちが育てたアーティストを引っこ抜きゃいいんだから」。引っこ抜くことに慣れきってしまい、育てることを忘れてしまったメジャー・レーベル。私は、現在の音楽市場の縮小の原因の一つが、これだと思っている。

2006年4月だったか、小林研一郎指揮、日本フィルハーモニー交響楽団の演奏会で、ベルリオーズの『レリオ』が演奏された。このテキストの翻訳者として川口の名前があった。そのとき、ロビーでチラッと姿を拝見したのが、おそらく私が川口を見かけた最後だった。

藤原真理『チェロ、こころ
の旋律』大和書房、1991年

　藤原真理『チェロ、こころの旋律』（大和
書房、1991年）、ここには現役時代の川口の姿
が見られる。著者は遠回しな言い方ではある
が、川口の手腕を高く評価しているのが読み
取れる。

　（関連のCDはすべて日本コロムビア／デンオンか
ら発売。番号の変更が激しいために、CD番号は省
いた。）

川口義晴が制作を担当したおもなアーティスト

指揮：エリアフ・インバル、エマニュエル・
クリヴィヌ、ジャン・フルネ、ペーター・マ
ーク、広上淳一
ピアノ：ジャック・ルヴィエ、エレーヌ・グリモー、ヴァレリー・アフ
ァナシエフ、高橋悠治
ヴァイオリン：ジャン＝ジャック・カントロフ
チェロ：藤原真理
歌手：鮫島有美子

№.8
夭折の女性チェリスト、アニア・タウアー

　女性チェリストと言えば、誰もが真っ先に思い出すのはイギリス生
まれのジャクリーヌ・デュ・プレ（1945-87）だろう。無二の才能を与
えられた一方で不治の病も背負わされ、なおかつ近年には姉の夫との
関係が暴露され、大スキャンダルにまで発展した。しかし、そうした
事実があろうとも、デュ・プレはいまだに超一流のチェリストとして
記憶されている。

　デュ・プレと同じく1945年、ドイツのリューベックで生まれたの
がアニア・タウアーである。彼女もまたデュ・プレと同じく一流の女

性チェリストとして活躍したが、その生涯は73年10月、28歳で閉じられた。タウアーは病気ではなく、自ら選択した終わり方だった。

タウアーについては、わずかなことしか知られていない。生まれは1945年7月3日、ドイツのリューベック。母親がヴァイオリニストだったようで、音楽を始めたのは母親の影響らしい。ニュルンベルク音楽大学で学び、58年、バーデン゠バーデンでボッケリーニの『チェロ協奏曲』を弾いてデビューした。その後ルートヴィヒ・ヘルシャーに、パリではアンドレ・ナヴァラに師事した。62年、パリのコンクールでグランプリを獲得、64年にはニュルンベルク市の文化賞を与えられた。

タウアーの最期については、以下のように伝えられている。1970年ごろ、タウアーは既婚の医師と愛し合うようになる。73年10月、医師の妻が激しく抗議したために両者の関係に終止符が打たれたが、これにショックを受けたタウアーは自ら命を絶ち、医師もそのあとを追った。

タウアーの正規録音はLPにしてわずか2枚分、ともにドイツ・グラモフォン（以下、DGと略記）。一つはドヴォルザークの『チェロ協奏曲』（マーツァル指揮、チェコ・フィル、録音：1968年）（SLPM139 392）、もう一つはレーガーの『無伴奏チェロ組曲第3番』、フランセの『チェロとピアノのための幻想曲』（フランセによるピアノ、録音：1964年）である（SLPM139 990）。

これら2枚とも、LP時代に日本国内では発売されなかった。レーガーとフランセは曲目が地味なので、発売されなくとも不思議ではない。しかし、ドヴォルザークは超有名曲だ。でも、こちらも理由がわかった。DGは同じく1968年に、ロストロポーヴィチを迎え、カラヤン指揮、ベルリン・フィルという豪華布陣でこの曲を録音していたのである。

これらのDG録音だが、2016年12月、国内ではCD1枚として初めて発売されている（タワーレコード　PROA-62）（①）。

私がタウアーを認識したのは数年前だと思う。ドイツAttackaから

タウアー／ドヴォルザーク
『チェロ協奏曲』ほか（タ
ワーレコード）

発売されたシューベルトの『アルペジオー
ネ・ソナタ』、ダルベールの『チェロ協奏
曲』ほかのLP（46413）が、15万円から20万
円で取り引きされているのを知ったときであ
る。中古価格は演奏内容ではなく、希少性に
左右されるのだが、それでも、これだけ高額
になると、気にならないと言えばうそになる。
そこで、ネットでドヴォルザークのLP（DG
の廉価盤シリーズのヘリオドール盤）を手に入れたのが、タウアーの初体
験だったのである。

　2011年ごろから、ドイツのハシュテッド（Hastedt）からCD3枚分、
タウアーの未発表放送録音が発売された。番号順に内容を記すと、以
下のようになる。R・シュトラウスの『チェロ・ソナタ』、レーガー
の『無伴奏チェロ組曲第3番』、ショスタコーヴィチの『チェロ・ソ
ナタ』、フランセの『チェロとピアノのための幻想曲』（録音：1964年、
69年、ステレオ、HT6602）（②）、サン＝サーンスの『チェロ協奏曲第1
番』、ショパンの『チェロ・ソナタ』、ダルベールの『チェロ協奏曲』、
チャイコフスキーの『ロココの主題による変奏曲』（録音：1966-72年、
ステレオ、HT6606）（③）、ドヴォルザークの『チェロ協奏曲』（DG録
音）、ドラノワの『抒情的スケッチ』、シューマンの『チェロ協奏曲』、
ドビュッシーの『チェロ・ソナタ』（録音：1962、65年、ドヴォルザーク
以外はモノラル、HT6608）（④）。

　以上、DG、ハシュテッドともに聴衆不在の演奏だが、韓国スペク
トラムからは、唯一のライヴ録音（1963年、パリ、モノラル）が出てい
る。曲目はシューベルトの『アルペジオーネ・ソナタ』、シュテケル
の『メランコリー』、フランセの『チェロとピアノのための幻想曲』
（CDSMBA013／シュタルケル、トリオ・デ・フランスとの2枚組）（⑤）。

　それでは、タウアーの演奏がどんなものなのか、ふれてみたい。最
も手に入りやすいタワーレコードのCD（①）は、ドヴォルザークか
ら始まる。情熱型という点ではタウアーはデュ・プレと似ているけれ

ど、あそこまで激しくはない。音の出し方はナヴァラに薫陶を受けたと思われる、無理がないスムーズな出し方である。一方、音色のほうはヘルシャー仕込みなのか、渋く落ち着いた佇まいさえ感じさせる。また、高域の切々たる歌い回しは、アドルフ・ブッシュのヴァイオリンのような質朴さも感じさせる。一般的にみれば、同じ1968年に収録されたロストロポーヴィチ／カラヤン盤の二番手に甘んじるとしても、みずみずしい伴奏ともども、決して忘れられない演奏の一つである。なお、このドヴォルザークは初出LPをそのまま復刻したLP（SLPM139 392、180グラム重量盤）（⑥）があった。

レーガーの『無伴奏チェロ組曲第3番』は②にもあるが、ともに練れた聴き応えがあるものだ。フランセの『幻想曲』は②と⑤にも含まれているが、②以外の2種類はフランセ自身がピアノを弾いている。タウアーとフランセは1962年のコンクールで知り合い、以後、何度も共演していたようだ。フランセのピアノは実に明るくしゃれていて遊び心にもあふれ、タウアーが好んだ理由もわかる。3種類ともにすばらしい演奏だが、特にこのDG盤、なかでも第3楽章「悲歌（エレジー）」は、いたく心を打つ。

③に含まれるサン＝サーンスやチャイコフスキーの『ロココ変奏曲』も、非常に生き生きとして新鮮である。しかし、彼女らしさという点では、ダルベールが上かもしれない。ダルベールは最近ではめったに演奏されないが、タウアー自身は好んでいたようだ。燃える炎を内側に秘めながら、真摯に歌い込んでいる姿は感動的だ。なお、このHT盤とAttacka盤LPとは別演奏である。

④はDGのドヴォルザーク以外はモノラル。そのため、いささか渋い印象を与えるが、シューマンの『協奏曲』、ドビュッシーの『ソナタ』は、とてもしっかりした演奏だ。

ハシュテッドはちょっと入手しづらいのが難だが、私は同一音源のテープを入手し、CDを1枚制作した。曲目はサン＝サーンスの『チェロ協奏曲』（ミュラー＝クライ指揮、1966年）、チャイコフスキーの『ロココの主題による変奏曲』（シュテップ指揮、1967年）、シューマン

タウアー／『チェロ協奏曲集』（GS-2199）

の『チェロ協奏曲』（ザイベル指揮、1965年）、ドビュッシーの『チェロ・ソナタ』、ドラノワの『抒情的スケッチ』（以上、シュルテスによるピアノ、1962年、GS-2199）。

　インターネット上では、実にさまざまな映像が見られるので、ときには本当にびっくりするのだが、今回もあれこれと検索していたら、タウアーの1970年のインタビュー映像が出てきた。ドイツ語だが、弾いているシーンも多い。「ANJA THAUER Meloclassic」で検索すれば出てくるはずである（ハシュテッドの公式サイトは〔http://www.hastedt-musikedition.de/〕〔2021年9月6日アクセス〕）。

文中でふれたアニア・タウアーのCD、LP

①ドヴォルザーク『チェロ協奏曲』、レーガー『無伴奏チェロ組曲第3番』、フランセ『チェロとピアノのための幻想曲』／マーツァル指揮、ジャン・フランセ（ピアノ）ほか（録音：1964年、68年）（タワーレコード／ドイツ・グラモフォン　PROA-62）

②R・シュトラウス『チェロ・ソナタ』、レーガー『無伴奏チェロ組曲第3番』、ショスタコーヴィチ『チェロ・ソナタ』、フランセ『チェロとピアノのための幻想曲』（録音：1964年、69年）（ハシュテッド　HT6602）

③サン＝サーンス『チェロ協奏曲第1番』、ショパン『チェロ・ソナタ』、ダルベール『チェロ協奏曲』、チャイコフスキー『ロココの主題による変奏曲』（録音：1966-72年）（ハシュテッド　HT6606）

④ドヴォルザーク『チェロ協奏曲』、ドラノワ『抒情的スケッチ』、シューマン『チェロ協奏曲』、ドビュッシー『チェロ・ソナタ』（録音：1962、65年）（ハシュテッド　HT6608）

⑤シューベルト『アルペジオーネ・ソナタ』、シュテケル『メランコリー』、フランセ『チェロとピアノのための幻想曲』（録音：1963年）（スペクトラム　CDSMBA013）

⑥ドヴォルザーク『チェロ協奏曲』（LP）／マーツァル指揮、チェコ・フィル（録音：1968年）（ドイツ・グラモフォン SLPM139 392）

No.9
美輪明宏とカルロス・クライバー

　2014年秋と翌15年の1月、美輪明宏の「ロマンティック音楽会」に行き、大きな感銘を受けた。私はもともと美輪の著作や人生相談の回答（「朝日新聞」土曜版の「悩みのるつぼ」。同種の内容をまとめた『悩みも苦しみもメッタ斬り！』〔家の光協会、2011年〕もある）が好きだったのだが、あるとき美輪が80歳になるのを知り、遅まきながら出かけていったのである。

　音楽会は歌と話と、一人芝居という内容。歌は美輪の波瀾万丈な人生をそのまま映し出したような、喜怒哀楽があふれ出てくるかのようで、単にうまいとかへたといった次元とはまったく異なる。また、歌の合間の話が興味深いし、胸にじんとくる。ことに三島由紀夫らをはじめとする作家、有名俳優、大物政治家らとの逸話は貴重だ。生き字引と言っていいだろう。

　美輪の著作『人生ノート』（PARCO出版、1998年）のなかに「人生はプラス・マイナス・ゼロ」という一節がある。つまり、いいことだらけの人生などはない、と著者は述べている。美輪は2015年1月の音楽会でこんなふうに言っていた。「人生はプラスとマイナス。だから、大スターになりたいなんて、身分不相応なことは思わないほうがいい。だって、エルヴィス・プレスリーやマイケル・ジャクソンがいい例。あんなふうに人生を終わるなんて」

　確かに、優れた芸術家はその才能と引き換えに、マイナスの人生を送った例が圧倒的に多いと言える。例えば、作曲家で言えばモーツァルトとシューベルト、ともに30代半ばの早世。ベートーヴェンは聴力を返上するかわりに才能を授かった。先ほど名前が出てきた三島由紀夫の最期については言うまでもないだろう。その三島のほうが下馬評ではノーベル賞に近いと言われたが、それを手中にしたのは川端康成。だが川端は受賞後これといった作品が生まれず、最期は三島同様、

美輪明宏『人生ノート』
PARCO 出版、1998年

自ら命を絶った。昭和の歌姫・美空ひばりも、一般的に言う幸せな人生とはほど遠かった、など……。

そんなふうに思っていた2015年の1月ごろ、カルロス・クライバー（1930-2004）に関する原稿依頼があった。内容は彼がバイエルン国立管弦楽団を振ったベートーヴェンの『交響曲第4番』『第6番「田園」』『第7番』（キングインターナショナル／オルフェオ　KKC-1049～51、3枚組み）、この3曲のLPについてだった（1982年、83年のライヴ）。『第4番』は1984年に初めてLPで発売され、いまでは3曲ともCD化されているが、『第6番「田園」』『第7番』はこのときが初LP化だった。

そこで、あらためてクライバーのことを調べたのだが、いまではアレクサンダー・ヴェルナー『カルロス・クライバー──ある天才指揮者の伝記』上・下（喜多尾道冬／広瀬大介訳、音楽之友社、2010年）という立派な資料がある。1984年、先ほどふれたベートーヴェンの『第4番』以降、クライバー人気は異様なほど熱気を帯びた。しかし、このころになると彼が舞台に立つ回数は年とともに減少するが、騒動はそれとは反対にますます過熱ぎみになった。インターネットなどまったく普及していなかったころでさえも、「今年の秋にはどこそこに出る」、そんなうわさが始終、飛び交った。

クライバーが簡単にコマーシャリズムには乗らず、完璧主義者であることは彼の生前から知られていた。だが、ヴェルナーの著作によって、彼の華やかさの裏に潜む悲劇が明らかになったのだ。幼いころからヨーロッパ各地や南米を転々としたため、自分が根なし草ではないかという恒常的な不安、偉大な父エーリヒと比較されることの恐怖と、その父を超えられないというじくじたる思い。語学の天才で、当意即妙な話術で多くの人を魅了した一方、晴天が一転して雷雨になる気分屋であり、人間嫌いのコブラにも思えた。楽団員のちょっとした物言

アレクサンダー・ヴェルナー『カルロス・クライバー ——ある天才指揮者の伝記』上・下、喜多尾道冬／広瀬 大介訳、音楽之友社、2010年

いに激怒し、関係者のささいなミスに絶望した彼。クライバーはその 気になればベートーヴェンの『第9』やシューベルトの『グレート』、 はたまたワーグナーの『ニーベルングの指環』4部作なども指揮がで きただろう。だが、あまりにも理想が高く、そうした機会はとうとう おとずれなかった。彼の人生は、自縄自縛とも言えた。最晩年、妻の 急死も彼の生きる意欲を奪った。

　彼の最期もまた、あの華やかな姿からはほど遠いものだった。親族 に言われ、別荘の隣人が部屋で息を引き取っていたクライバーを発見 したのだ。美輪が言うように、クライバーの人生も大きなプラスと同 時に、とてつもないマイナスも背負っていたのである。

　ところで、この3枚組みLP（ドイツ・ディープホルツ社のプレス、 180g）だが、これがすばらしい。『第4番』はCD（C100841A）と SACDシングルレイヤー（KKC-10000）、『第6番』はCD（C600031B）、 『第7番』はSACDハイブリッド（C700051B）と出ているが、LPのほ うがずっと豊かに鳴り響き、あのクライバーの恐ろしく生き生きとし た演奏が生々しく再現される。音は肉厚で広がりも豊かだし、細部も よく聴き取ることができ、全体の響きの質感も向上しているように感 じる。『第6番「田園」』はクライバーの息子が持っていたカセットテ ープ（バイエルン放送がオリジナルを紛失した）から起こしたので多少限

界はあるが、『第4番』と『第7番』は特にCDとは大きく印象が異なる。いずれにせよ、LPとは不思議なフォーマットだなとあらためて思った次第である。

10

世界で最初にメトロノーム演奏をおこなった、アルバート・コーツ

2015年12月、上岡敏之が読売日本交響楽団を振ったベートーヴェンの『第9交響曲』が、総演奏時間約58分だったらしい。それまで速いと言われた代表格のトスカニーニが約64分、最近ではノリントン、ジンマンらが62分から64分前後、20年に発売されたエラス＝カサドは約61分なので、60分を切ったというのは最短記録かもしれない（上岡が2012年にヴッパータール交響楽団を振ったCD〔コロムビア　COGQ-65〕は60分40秒と表示されている）。この上岡の超快速の『第9』だが、一部ではブーイングも出たと聞く。上岡に限らず、こと『第9』に関しては、最近似たような話をときどき耳にする。

この根拠が、ベートーヴェン自身が記したメトロノームにあることは周知の事実である。比較的最近までは、この数字が「あまりにも速すぎる」ということで、あくまでも参考程度とされていた。しかし、原典復帰の一環として、このやたらと速い演奏が、まるで最短記録を争うかのように流行しているのである。

金聖響・玉木正之『ベートーヴェンの交響曲』（〔講談社現代新書〕、講談社、2007年）のなかでも、例えば『交響曲第8番』の第4楽章冒頭の第1、第2ヴァイオリンは、事実上演奏不可能だと指摘している。確かに、連続する3連符を正確に弾こうとするならば、ヴァイオリン奏者の右手に電気刺激を与えて筋肉をけいれんさせなければならないだろう。

こうした快速演奏は、比較的最近になって始まったと思われているが、実は、1920年代にそれを試みていた指揮者がいたのである。そ

れは、アルバート・コーツ（Albert Coates）（1882-1953）。サンクトペテルブルクに生まれ、のちにロンドンに移住、19年から34年までロンドン交響楽団の首席指揮者になり、この間、600曲以上の録音をおこなう。ヨーロッパ各地やアメリカで活躍したが、戦後は南アフリカのケープタウン近郊に住み、その地で没している。

アルバート・コーツ（1939年）

彼の快速演奏はLPも出ていたらしいが、私が最初に認識したのはケープタウンにあったクレアモント・レコーズ（Claremont Records）が発売したCDだった。内容はベートーヴェンの『交響曲第3番「英雄」』（交響楽団、1926年録音）、モーツァルトの『同第41番「ジュピター」』（ロンドン交響楽団、1927年録音）（GSE78-50-55）（①）である。当時、東京・渋谷にあったHMVに行った際、知り合いの店員から教えてもらった。彼が言うには、店頭演奏していると、多くのお客が驚いて、誰の演奏なのか知りたがったという。

この2曲、確かに速い、速い。楽章によっては、半ばやけくそみたいだが、まあとにかく、初めて聴いたときはびっくりである。ただ、『英雄』のテンポはメトロノーム準拠だというのがわかるが、モーツァルトはメトロノームとは無関係だ。むろん、これはベートーヴェンがこのテンポであれば、モーツァルトもこれに準じるといった措置だろう（同一演奏はPristine PASC455〔④〕でも聴ける）。

今回、この原稿を書きたいと思ったのは、コーツ指揮のベートーヴェンの『交響曲第7番』のSP盤（アメリカ・ビクター　55165〜6、55174、3枚6面）をついに手に入れたからだ。『英雄』と同じく単に「交響楽団」としか記されておらず、数年前、第2楽章（55166）が欠けた2枚だけ手に入れ、その後、ずっと全曲を探していた。録音は1921年、ラッパ吹き込みの時代である。6面に収めるためにカットが

施されているが、テンポは異常に速く、特に第4楽章はまともに弾き、吹けていない状態である。

　この『第7番』を入手できたことで、私はすでに手元にあるコーツの『英雄』のSP盤ともども、復刻CDを試みたいと思っている。つまり、『英雄』＋『ジュピター』の組み合わせも悪くはないと思うが、やはりメトロノーム準拠同士ということで、『英雄』＋『第7番』の組み合わせのほうが整合性があると判断している。それに、クレアモント・レコーズは2000年ごろに消滅しているし、疑似ステレオ風なマスタリングも、あまり上出来ではないとも感じているからだ。

　このコーツの演奏、私のCD化まで待てない、なるべく早く聴きたいという人は「YouTube」で検索すれば、ベートーヴェンの『第7番』などが自由に聴ける。また、Pristine Classical（https://www.pristineclassical.com/）［2021年9月2日アクセス］ではダウンロード、CD-R（解説、ブックレットなし）、CD-R（解説、ブックレットあり）（順に7、10、14ユーロ）でも聴くことは可能だ。

　「YouTube」またはPristineではコーツのベートーヴェンの『交響曲第9番「合唱」』（1923年、25年の2種）（②）もある。これもメトロノーム準拠に近く、速いとは思わせるものの、『英雄』や『第7番』ほどの驚きはない。

　こうしたコーツの試みはなぜ、当時ほかに波及しなかったのか。一つは、その昔SP盤は非常に高価であり、複数そろえるなどということは、よほどの経済力がないかぎり不可能な時代だったということがある。例えば、ベートーヴェンの全9曲の交響曲のSP盤を集めることができた人は、ごく一部のお金持ちだけだろう。

　もう一つ、コーツの演奏の泣きどころは、演奏精度の問題である。つまり、アンサンブルがきちっとまとまっていないのだ。快速演奏と言えば、多くの人がきっとムラヴィンスキーが指揮したグリンカの『「ルスランとリュドミラ」序曲』を思い出すだろう。あの超快速はムラヴィンスキーがスコアを読み切ったあとに生じたものである。そして、その目標に向かって、それこそ信じがたいほどの厳しい練習を克

コーツ／ベートーヴェン
『交響曲第7番』（アメリ
カ・ビクター）

服し、あの鉄壁のアンサンブルを築いているのだ。だが、コーツのそれは、その次元にまでは達していない。いいかげんとは言わないまでも、限られた時間内で、なんとかつじつまを合わせたという印象である。だから、胸を焦がすような感動にまで至らないというのが本音である。もちろん、それまで誰もがやったことがない、最初のメトロノーム準拠の記録としての価値は減じることはないのだが。

　メトロノームをよりどころにするのは悪くはない。だが、それをやろうとするならば、そのテンポと指揮者自身の生理的なテンポとが完全に一致していなければならない。言い換えれば、その国の言葉を、ネイティブのように、ごく自然に話せるようなレベルにまで上げる必要がある。しかし、多くの指揮者はまるで自身の採用するテンポを、着せ替え人形の服のように変えるだけで事足れりとしている。こんなことで、人を感動させることなど、とうていできはしないだろう。

　それに、あるとき、メトロノームの新説や新資料などが発見され、数字が間違っていたとか、倍のテンポを採用するのが正しいということになってしまったらどうなるだろう。それまで普通に演奏されていた快速テンポは、すべてだめということにもなりかねない。

［付記］Pristineには1921年録音の『ジュピター』（③）もあるが、27年録音同様、テンポは非常に速い。また、クレアモントのCDはネット上でもまだ入手可能のようだ。

文中でふれたアルバート・コーツの演奏
①ベートーヴェン『交響曲第3番「英雄」』『交響曲第41番「ジュピター」』（録音：1926年、27年、クレアモント　GSE78-50-55〔廃盤〕）
②ベートーヴェン『交響曲第9番「合唱」』（録音：1925年、Pristine PASC296）

③モーツァルト『交響曲第41番「ジュピター」』、ベートーヴェン『交響曲第7番』（録音：1921年、Pristine PASC298）
④収録演奏は①と同じ（Pristine PASC455）
②-④はダウンロード、またはCD-R仕様。

11

黒柳徹子とチェリビダッケ

　2018年8月15日、生の黒柳徹子を見てみたいという理由で、彼女が出演する「ハートフルコンサート2018」（東京芸術劇場）に出かけた。演奏は小林研一郎指揮、東京フィルハーモニー交響楽団で、チャイコフスキーの『弦楽セレナーデ』や『くるみ割り人形』（一部）、リストの『ハンガリー狂詩曲第2番』、シベリウスの『フィンランディア』などの名曲が披露された。こんなことを書くと叱られそうだが、当日の朝、チケットを確認したときにこの日が敗戦記念日だということに気がついた。

　黒柳は演奏の合間に舞台に出てきて、小林の履歴について尋ねたり、音楽について小林と語り合ったりした。この日はベートーヴェンの『交響曲第9番』は演奏していないが、黒柳は若かりしころ『第9』のドイツ語の歌詞を間違って覚えていて、一緒に歌った際に指揮者から注意されたという。きらびやかで、鎧のように大きな服を着ていたせいもあるが、舞台上では指揮者よりも黒柳の存在感のほうが大きいように思われた。

　しかしながら、休憩後にしゃべってくれた戦時中や戦後間もないころの話は、やはり身にしみた。戦時は軍歌しか演奏できなくなり、父・守綱（NHK交響楽団のコンサートマスター）は仕事を失ったこと、東京大空襲の夜、爆撃で明るくなった空の下で「電灯なしでも本が読める」と無邪気に喜んでいたこと（このとき、約10万人の命が犠牲になった）、戦後間もないころの食事といえば1日に大豆15粒しか与えられず、

一度に食べるのが惜しくて、朝3粒、昼3粒、午後3粒というふうに分けて食べていたこと。戦争を実際に体験した人から出る言葉は、やはりとても重い。そして、こうした話を直接聞ける機会は、時間とともにどんどん減っていくのだ。話の終わり近くで黒柳は「平和だからこそ、こうしてなんでも自由に聴けるのですよ」と言ったが、これも決して忘れてはならない言葉だ。

「ハートフルコンサート2018」のプログラム

　ちょっと驚いたのは終演後のこと。私は小林にあいさつするために楽屋を訪問したのだが、黒柳が時間が許すかぎりファンとの記念撮影などに応じていたことだった。彼女ほどの有名人で高齢（当時85歳）になると、普通は面会させてくれない。

　なお、黒柳と小林研一郎が共演した『音楽物語「窓ぎわのトットちゃん」』（1982年4月、東京・簡易保険ホールでのライヴ。オーケストラは新星日本交響楽団）は、いまでもCD（①）で聴ける。

　黒柳のコンサートの直前、未開封のまま保管していたブルーレイディスク、セルジュ・チェリビダッケ（1912-96）が38年ぶりにベルリン・フィルに復帰した演奏会を観た（②）。なぜいまごろ観たのか。理由は単純である。最近になって、故障したDVDプレーヤーに替えて、やっとブルーレイプレーヤーを購入したからだ（ちなみに、これはDVDでも発売されている）。

　チェリビダッケもまた、戦争という苦難をくぐり抜けた音楽家の一人だった。終戦後、ベルリンは廃墟と化し、ベルリン・フィルもまた本拠地フィルハーモニーを爆撃で失う。1945年5月、映画館を改装したティタニア・パラストでベルリン・フィルの戦後初の演奏会がおこなわれた。フルトヴェングラーをはじめ、多くの指揮者がベルリン復帰を果たせず、暫定的にレオ・ボルヒャルトが首席指揮者に就任した。しかし、同年8月、アメリカ軍兵士の誤射によってボルヒャルトは急

チェリビダッケ／ブルック
ナー『交響曲第7番』（ブ
ルーレイ）

死し、事実上ベルリン・フィルは指揮者が不
在になった。その窮地を救ったのが、ルーマ
ニアからベルリンに出てきて勉強していたチ
ェリビダッケである。言うまでもなく当時は
まったくの無名だったが、両者はたちまち相
思相愛になった。

　チェリビダッケはそれこそ馬車馬のように
働いた。しかも、単に数をこなすのではなく、
ショスタコーヴィチの『交響曲第7番』のベ
ルリン初演（1946年12月21日）をおこなうな
ど、未開拓のレパートリーも数多く取り上げ
た。1947年5月、フルトヴェングラーがベルリンに復帰した。チェリ
ビダッケは「ドクター、これがあなたのベルリン・フィルです」と心
に秘めていたほど、彼もまたフルトヴェングラーの復帰を待っていた。
しかし、時間の経過とともにこの師弟愛のような関係も、いささかぎ
くしゃくしはじめた。チェリビダッケは一部の古参団員を追い出そう
とするなど、急激に組織を変えようとしたため、フルトヴェングラー
も次第に困惑しはじめたのだ。フルトヴェングラーの死の直前の54
年11月、チェリビダッケはブラームスの『ドイツ・レクイエム』の
練習中に楽団員に暴言を浴びせてベルリン・フィルとは決裂し、以後、
二度とベルリン・フィルを振ることはなかった。

　フルトヴェングラーの後継者にはヘルベルト・フォン・カラヤンが
選ばれた。当時のティンパニ奏者テーリヒェンは「カラヤンは賢かっ
た。オーケストラを急に変えようとはせず、時間をかけて変えていっ
た」と証言しているが、これは世の中のあらゆるものに通じるかもし
れない。

　1992年3月、ヴァイツゼッカー大統領の要請によって、チェリビダ
ッケが38年ぶりにベルリン・フィルの指揮台に立った。場所は本拠
地フィルハーモニーではなくシャウシュピールハウスだったが、これ
は日本でも大きく報道された。

当日のプログラムはブルックナーの『交響曲第7番』だけ。まず、順序どおり本編の演奏から観始めたのだが、ベルリン・フィルの本気度に、思わずぐっと引きずり込まれた。テンポは遅い。けれども、壮麗・壮大で、ときには神秘的とさえいえる響きは、圧倒的というほかない。フルトヴェングラーの時代であっても、ベルリン・フィルとはいえ、いつもすごい指揮者が指揮台に立つとはかぎらない。むしろ、本当に優れた指揮者との共演はごくわずかと言っていい。

演奏のあとに収録されているドキュメンタリーが、これまた面白い。撮影当時、若きチェリビダッケを知る楽団員が何人か出てきてしゃべっているのだが、彼らの話を総合すると、決裂したとはいえチェリビダッケを支持した楽団員の割合は意外に高かったようである。ある奏者が「とてもいいやつだった」と言っていたのも印象的だった。

チェリビダッケのリハーサルは指示がとても細かい。それに、抽象的な言葉も多い。まず、第1楽章の冒頭でチェリビダッケは「隣の人と波長を合わせるな」と注意し、楽団員に先制パンチを食らわす。楽団員同士が見合って、指揮者の意図を探ろうとしている様子が見て取れる。何度もだめ出しをされながらも、楽団員は徐々にチェリビダッケの音楽に染まっていく。指揮者が「最後の1音が最初の1音の論理的帰結である。終わりは始まりのなかにある」と言うと、ポカンとした若い楽団員の様子も映される。

この年の9月、チェリビダッケはミュンヘン・フィルと来日し、その際の記者会見ではベルリン・フィル復帰について質問された。毒舌で知られるチェリビダッケが、「あいつらは、わかっていない」といったような発言をしていたが、「ベルリン・フィルのティンパニ奏者はロバの耳だ！」と語気を荒らげていたのは鮮明に覚えている（そのせいか、ブルックナーの映像にはティンパニ奏者があまり映らない）。

戦争は、できるならば体験しないほうがいい。しかし、それをくぐり抜けてきた人々には、平和漬けで暮らしている者にはない特別の強さが感じられる。1992年にチェリビダッケを体験したベルリン・フィル楽団員の何割が、彼との再度の共演を希望したのかはわからない。

また、彼のブルックナーが好きではない人もいるだろう。いずれにせよ、この映像は戦争の悲劇とそれに関連する物語、指揮者とオーケストラの関係、音楽の本質など、実にさまざまなことを示唆してくれる。

文中でふれたディスク
①『音楽物語「窓ぎわのトットちゃん」』（CD）／小森昭宏作曲、小林研一郎指揮、新星日本交響楽団、黒柳徹子朗読、ほか（コロムビアCOCX-39982）
②ブルックナー『交響曲第7番』（ブルーレイディスク）／チェリビダッケ指揮、ベルリン・フィルハーモニー管弦楽団（収録：1992年3月31日、4月1日、ベルリン・シャウシュピールハウス）、ほかドキュメンタリーあり（ユーロアーツ　2011404）＊日本語字幕あり、このほかにDVDもある

No.12
アーノンクールについて、懐かしさと戸惑いと

　2015年12月5日、古楽界の第一人者であるニコラウス・アーノンクールが、86歳の誕生日の前日に引退を表明した。翌16年2月、彼の「ラスト・レコーディング」とされるベートーヴェンの『交響曲第4番』『第5番』が発売された。私はこれを聴き、アーノンクールについてひと言書きたくなった。と思っていたら、3月5日に彼は他界してしまった。

　アーノンクールは1929年にベルリンで生まれ、のちにウィーンで学び、69年までウィーン交響楽団のチェロ奏者だった。57年からは自身が主宰する古楽器オーケストラ、ウィーン・コンツェントゥス・ムジクスの指揮者になり、その後、指揮活動に専念する。

　名字の Harnoncourt から、当初は日本で「ハルノンコールト」と紹介されたが、その彼が最初に広く注目を集めたのは、ロイヤル・コンセルトヘボウ管弦楽団を振ったモーツァルトの後期交響曲集だろう。

国内ではまず1981年10月に『第35番「ハフナー」』と『第34番』が発売されたが、これは従来のモーツァルト像をハンマーで叩き割るかのような過激な演奏で、多くの人々に衝撃を与えた。さらに、『ハフナー』の終楽章にみられた大胆な「遊び」も注目された。以後、『第38番「プラハ」』（1982年10月）、『第41番「ジュピター」』、『第33番』＋『第31番』、『第40番』＋『第25番』（以上、1983年7月、9月、12月）、『第39番』＋『第29番』（1985年2月）、『第36番「リンツ」』＋『第32番』（1986年5月）（①）と発売し、『第31番』以降が出そろうことになった。

　本稿をしたためる際、『ハフナー』以降をすべて聴き直したが、鼻についたのは終楽章最後の繰り返しである。提示部とは異なり、一度音楽が終わってしまってからまた戻るのは心理的な抵抗が大きい。いくら楽譜どおりとは言っても、である。

『ハフナー』の終楽章同様、大胆なデフォルメをした『第40番』の第4楽章などは、記憶に残っていたため最初に聴いたときのような驚きはなかったが、それ以外はとても新鮮だった。何しろ気持ちに迷いがなく、新風を巻き起こしてやろうという当時の指揮者の気概も十分に感じられたからだ。

　以後、アーノンクールはもともとのレパートリーであるバッハ、ヘンデル、ハイドン周辺だけでなく、ベートーヴェン、シューベルト、メンデルスゾーン、シューマン、ブラームス、ヨハン・シュトラウスへと触手を伸ばし、さらにはブルックナー、バルトーク、ヴェルディ、ガーシュウィンにまで手を染めるようになった。

　しかし、レパートリーが拡大するにつれて、アーノンクールの個性はますます薄くなっていったような気がしてならない。モーツァルトではあれほど過激で、ときには奇襲作戦を用いたのに、ほかの作曲家の作品になると、どんどん保守的になっていく。

　ところが、最初に述べたラスト・レコーディング、ベートーヴェンの『交響曲第4番』『第5番』（ウィーン・コンツェントゥス・ムジクス）（②）には、好きか嫌いかは別として、アーノンクールの『第35番

「ハフナー」』の到達点が見えてくる。

　まず『交響曲第4番』だが、テンポが速く非常に引き締まった響きだ。弦楽器は言うまでもなくヴィブラートはかけず、金管楽器や打楽器がこれでもかと強調される。長い音を減衰させたり、切る音と伸ばす音を逆にしたりと、古楽器のオーケストラの常套手段を用いている。弦楽器の響きはよく言えば透明だが、悪く言うと薄っぺらく、そのため破裂音のような金管楽器とティンパニの強打がいっそう強調され、耳が疲れる。

『第5番』は、第1楽章や第4楽章では過激な響きがある程度成功していると思う。しかし、第2楽章で短い音を長く伸ばすのはさして効果的とは思えないし、一瞬間を置いて音を出す場面が多すぎる。問題なのは第3楽章後半部分のチェロとコントラバス、そして第4楽章のコーダである。前者のテンポはいかにも人工的で不自然。後者はモーツァルトの『第40番』以上の大胆さだが、ここまでやると、もはや楽譜から完全に逸脱している。衝撃ではなく、戸惑い、である。

　アーノンクールは書いたりしゃべったりすることがとても好きだった。例えば、彼自身の著作『古楽とは何か』（③）があるが、これを読むと彼がどれほど真剣に音楽に取り組んでいるか、あるいは音楽だけでなく文化全般の衰退に対して彼自身がどれほど危機感を抱いていたのかも理解できる。

　アーノンクールの最後のCDにも、作品についての彼の長い語りが掲載されている。例えば彼は『交響曲第5番』の第1楽章を「独裁者の圧政に苦しむ人々の姿」、第2楽章を「祈り」、第4楽章を「自由と勝利」と述べている。演奏家が自分の演奏について何を言おうと自由なのだが、多言を弄したところで、それがいったい何になるのかと思ってしまう。

　最近発売されたシューベルト演奏集（『交響曲全集』『2つのミサ曲』『歌劇「アルフォンソとエストレッラ」』）（④）は、一聴の価値ありと判断した。オーケストラはベルリン・フィルだが、例えば『交響曲第3番』などは文句なしの名演。『第5番』はちょっと過激な部分もある

が、響きはすばらしい。『第6番』もいいし、『第7番「未完成」』は若干人工的に思えなくもないが、その計算された表情は納得がいく。聴いて、決して損にはならない。けれど『第8番「ザ・グレイト」』は、大げさにならないように腐心したことは理解できるが、ちょっとこぢんまりしすぎている。ミサ曲は、特に『第5番』がきれいだった。

ニコラウス・アーノンクール『古楽とは何か――言葉としての音楽』樋口隆一／許光俊訳、音楽之友社、1997年

　私がアーノンクールを認めながらも完全に受け入れることができないのは、以下の理由からである。

　まず、彼の音楽が古楽器奏法を根底にしていること。言うまでもなく、ベートーヴェンが生きていたころの録音は存在せず、したがって当時の演奏法は知りようがない。でも、そこが彼の立脚点だ。

　次に、先ほど述べたように、彼は執筆し、語り、ファンの知的好奇心を刺激した。しかし、私は知的好奇心よりも「感動」のほうが重要だと思う。もちろん、知識など不要だと言うつもりはない。たとえ楽器を手にしない、歌わない人であっても、ある程度の知識はより深い鑑賞への手助けになりうる。しかし、それも程度問題だ。

　だが、アーノンクールにとって「感動」とは、彼自身の著作『古楽とは何か』風に言えば、「あいまいで、純粋ではなく、本質とは関係がない、深い理解ではない」ということになるのだろうか。あるいは、彼は「感動」を盤石にするために、言葉を必要としたのかもしれない。

　彼が音楽に対して群を抜いてひたむきだったことだけは否定のしようがないし、こだわりの強さも認めていいと思う。しかし、私にはアーノンクールは結局のところ、自縄自縛に陥ったようにしか思えないのである。

文中でふれたアーノンクールのCDと本

①モーツァルト『交響曲第31番』－『第41番』／ロイヤル・コンセルト
ヘボウ管弦楽団（録音：1980-84年、テルデック　9031-72484-2〔輸入盤
／廃盤〕、現在は組み合わせを変えて発売中）

②ベートーヴェン『交響曲第4番』『第5番』／ウィーン・コンツェントゥ
ス・ムジクス（録音：2015年5月、ソニーミュージック／ソニークラシカ
ル　SICC-30250）

③ニコラウス・アーノンクール『古楽とは何か――言葉としての音楽』
樋口隆一／許光俊訳、音楽之友社、1997年

④シューベルト・レコーディングズ（8CD＋ブルーレイディスク、交響
曲全集「第1番」―「第8番」、ミサ曲「第5番」「第6番」、『歌劇「アルフ
ォンソとエストレッラ」』）／ベルリン・フィルハーモニー管弦楽団ほか
（録音：2003-06年、キングインターナショナル／ベルリン・フィル・レ
コーディングズ　KKC-5445）

No.13
トスカニーニの記念の年に

　2017年はイタリアの巨匠指揮者アルトゥーロ・トスカニーニの生
誕150年（1867年3月25日、イタリア・パルマ生まれ）、および没後60年
（1957年1月16日、アメリカ・ニューヨーク没）にあたる。私は日頃トスカ
ニーニについて、あまり書くことはない。それは、トスカニーニが嫌
いだからではない。トスカニーニの正規録音のほとんどはRCAのも
のだが、現在流布しているCDの音が嫌いだからだ。

　LPで聴いていたときは、それこそ汗が飛び散るような音だと思っ
ていた。ところが、CDはまるで制汗剤をたっぷり塗りたくったよう
な音で、はなはだ物足りない。例えば、有名なレスピーギの『ローマ
の松』の「アッピア街道」に入ってしばらくしたあと、LPではオル
ガンの低音がはっきりと聴き取れるのに、CDではうそのように消え
去っているのだ。欠陥品と言ってもいい。ヴェルディの『レクイエ

ム』の「怒りの日」も、LPで聴いたときは炎の塊みたいに思ったが、CDの音はずいぶんと窮屈になっていて、がっかりした。CDのなかではXRCDというシリーズにベートーヴェンの『交響曲第3番「英雄」』(JM-M24XR09)やムソルグスキーの『組曲「展覧会の絵」』(JM-M24R05)などがあるが、これならばなんとか許せる。

トスカニーニ／リハーサル
LP

　私がトスカニーニのLPを初めて聴いたのは中学生時代、曲はベートーヴェンの『交響曲第7番』だった。トスカニーニの音はデッドで知られていたが、その音質よりも、しゃっくりのように硬直したリズムには感心しなかった。次に聴いたトスカニーニは、当時LPの定番的組み合わせだった『運命』と『未完成』のLPだったように思う。『運命』のほうはそこそこいいと思ったが、夢中になるほどではなかった。

　1977年夏、高校1年のときに私は初めて東京に行った。そのとき、当時代々木にあった輸入盤店かっこうで、うわさのトスカニーニのリハーサルLP(『Toscanini Memorial Vol.1 Rehearsal excerpts 1943-1952』Morgan Records 1 MOR A001)を見つけた。この店はほとんど値段を書いていないが、このトスカニーニのリハーサルLPは1枚物なので5,000円で足りるだろうと思って、5,000円札とLPをレジに持っていったら、無愛想な店主から「5,500円」と言われた。一瞬、身体が硬直し、がくぜんとしたが、それに1,000円を足して支払った。

　いま思うと、ぼったくられたのかもしれない。この店は広告にも堂々と「当店は常客優先主義」を掲げていた。だから、初めて立ち寄った高校生など、眼中にはなかったのだろう。

　鳥取に帰宅してそのLPを取り出すと、後悔の念が重くのしかかった。気を取り直してLPに針を落としたが、しばらくすると、このLPが東京詣での最大の収穫になったのである。

　内容はつまり、リハーサル中にトスカニーニが爆発したシーンを抽

出したものだった。録音データを信用するならば、70代後半から80代前半の記録である。トスカニーニ自身が「私は老人だが、神は私に17歳の血潮を与えてくれた」と言っていたように、彼が怒号を発し、指揮棒であちこちぶっ叩き、足を踏み鳴らしている、その強烈すぎるエネルギーは、まさに化け物である！　以来、このLPはクラシック好きの来客があるたびにかけた（以上のリハーサルは、インターネット上でも聴くことができる）。

　妙な話だが、このLPを聴いて、急にトスカニーニの音楽が見えてきたような気がした。その後、ベートーヴェンの『交響曲第3番「英雄」』（1953年）、レスピーギの『ローマの3部作』（1949年、51年、53年）、ドヴォルザークの『新世界より』（1953年）など、LPで親しむことになる。

　記念の年にはリマスター盤や新譜の動きがあるかと期待したが、命日と誕生日を過ぎても特に目新しい動きはなかった。とにかく、多くの人が期待するのは1954年4月4日、トスカニーニの最後のコンサートの正規盤（①）ではないだろうか。この日の演奏は実験的なステレオで収録していることが知られているが、一方ではラジオ放送用のモノラル録音も残っている。この2つの録音が存在するために、かえってさまざまな臆測が飛んでいる。ごく簡単に言うと、最後のコンサートが近づくにつれてトスカニーニに記憶障害が起こり、リハーサルの段階ですでに混乱が生じていた。そのため、関係者は最後の4月4日の演奏会でも事故が起こるのではないかと心配したが、それが的中してしまう。ワーグナーの『歌劇「タンホイザー」序曲とバッカナール』でトスカニーニの棒が止まり、演奏も中断したと言われている。

　しかし、会場で収録していたステレオ録音版で聴くと、ほとんど何事もなかったかのように音楽は進んでいく。だが、ラジオの生中継を担当していたスタッフは演奏が中断されたと判断して「機械的な故障で、カーネギー・ホールからの放送が中断しています」とアナウンスし、あらかじめ用意していたトスカニーニ指揮のブラームス『交響曲第1番』の冒頭を放送、約30秒後に会場での演奏に切り替えられた。

　そこで、この件に関して言われていること
は以下のとおりである。

・トスカニーニの指揮棒は止まったが、演奏
は続けられていた。

・演奏が中断し、会場を沈黙が支配したとい
う記述は完全な誤解。

・実際に沈黙はあったが、ステレオ・テープ
は沈黙の間合いをカットしている。

トスカニーニ・ラスト・コ
ンサート（アルトゥス）

　なんだかいつまでたってもはっきりしないのは、この日の演奏が正
規盤として発売されていないからではないだろうか。トスカニーニに
とっては不名誉な記録かもしれないが、いつまでも臆測が飛び交って
いる状態のままというのも、なんだかおかしいと思う。

　もう一つ、この演奏会に出演していたヴァイオリニスト、ルイ・グ
レーラー（1960年に来日し、日本フィルのコンサートマスターを務め、また
後進の指導にもあたった）の著作『ヴァイオリンはやさしく音楽はむず
かしい──20世紀楽壇の逸話集』（絵：雨田光弘、全音楽譜出版社、1985
年）から、最後の演奏会についての記述を引用しておこう。

　数か月後に、彼〔トスカニーニ：引用者注〕の正式の引退、お別れ
のための大演奏会があり、大入り満員の盛況ではあったものの、
演奏じたいはごちゃごちゃなものになってしまいました。はじめ、
トスカニーニはブラームスのレクィエムを計画し、準備も進めて
いましたが、経営側がコーラスにお金がかかりすぎると横ヤリを
いれたため、曲の変更を余儀なくされました。いざ2〜3日前に
なると、今度は放送時間のいきちがいからまた曲目が変更されま
した。そのため、老マエストロは、ワーグナーの曲の途中、何度
かくり返しが続く部分でわからなくなってしまい、あまりにもふ
だんとちがった緊張に固くなっていたオーケストラは混乱しまし
た。ステージのそでではギド・カンテッリが万感せまって涙を流
し、放送をやめさせろと抗議しながら、泣いていました。

トスカニーニが最後の演奏会でブラームスの『ドイツ・レクイエム』を計画していた話は知られているが、資金面で変更になったことや、もう一度曲目の変更があったことなどは、ほかの文献にはなさそうである。また、グレーラーは混乱が起こったとは書いているが、演奏が止まったとは書いていないので、実際に演奏は止まってはいない可能性が大きい。なお、このラスト・コンサートについては山崎浩太郎が執筆した ALT179 の解説書に詳しい。

　ステレオで聴くと、トスカニーニは第2ヴァイオリンを右に配置する方法を採用していたことが明らかになる。

　同じくステレオ録音では1954年3月21日の演奏会（②）を収録したものもある。このとき、トスカニーニは決して状態がよくなかったらしく、チャイコフスキー『交響曲第6番「悲愴」』の第1楽章、アレグロに入ったところで、木管楽器が完全に崩壊している。トスカニーニは4月4日の演奏会で、最後の曲である『「ニュルンベルクのマイスタージンガー」第1幕前奏曲』を忘れていたらしいが、この3月の演奏会にも破滅の予兆が現れていたのだろう。

　もう一つ、最近、ヴェルディの『レクイエム』（1951年1月27日）（③）もステレオ盤が出た。解説には技術的な説明が一切ないので、発掘の経緯などは不明。強い音がややつぶれぎみだが、熱く燃え上がる様子が、かなり明瞭に聴き取れる。

　1957年2月3日、トスカニーニ追悼演奏会の全演目のCD（ミュージック＆アーツ　CD-1201／2枚組み）のなかに、ボーナス・トラックとしてチャイコフスキーの『「くるみ割り人形」組曲』、ベルリオーズの『「ローマの謝肉祭」序曲』、ワーグナーの『「ニュルンベルクのマイスタージンガー」第1幕前奏曲』（1954年9月）がある。これらはNBC交響楽団の楽団員（収録当時はシンフォニー・オブ・ジ・エアと改名）がトスカニーニを思い出しながら、指揮者なしで演奏したものだが、これが恐ろしく生き生きとした内容なのだ。ライヴではないようだが、前記のトスカニーニ指揮の演奏会よりも音が安定している。トスカニー

ニが手塩にかけたオーケストラは、かくも見事なアンサンブルだった
ことが如実にわかる貴重な記録でもある。

> **トスカニーニのステレオ録音**
> ①ワーグナー『「ローエングリン」第1幕前奏曲』『「ジークフリート」～
> 森のささやき』『「神々の黄昏」～ジークフリートのラインへの旅』『「タン
> ホイザー」序曲とバッカナール』『「ニュルンベルクのマイスタージンガ
> ー」第1幕前奏曲』（録音：1954年4月4日、アルトゥス　ALT-179）
> ②ロッシーニ『「セヴィリャの理髪師」序曲』、チャイコフスキー『交響
> 曲第6番「悲愴」』（録音：1954年3月21日、ミュージック＆アーツ　CD-
> 1194）
> ③ヴェルディ『レクイエム』／ネッリ（ソプラノ）、バルビエリ（メゾ・
> ソプラノ）、ディ・ステファノ（テノール）、シエピ（バス）ほか（メモ
> リーズ　MR-2482）
> ＊以上すべてトスカニーニ指揮、NBC交響楽団

No.14 フランス・ターラの主宰者 ルネ・トレミヌ

　1992年11月に設立され、世界中の歴史的録音ファンを狂喜させて
いたフランスのレーベル・ターラ（TARHA）。その主宰者ルネ・トレ
ミヌが2014年2月13日に亡くなった。69歳だった。

　トレミヌは1944年、ルーマニア生まれ。将来の夢は写真家だった
が、水道会社に19年間勤務したあと、88年に退社。90年に運命の出
会いが待っていた。

　もともと指揮者のヘルマン・シェルヘンのファンだったトレミヌは、
シェルヘンがらみの仕事で娘のミリアム・シェルヘンに会う。意気投
合した2人は歴史的録音を専門に扱うレーベルの設立を計画し、音源
や資料の調査でヨーロッパ各地を旅した。1992年11月、シェルヘン、
フルトヴェングラー、アーベントロートなどを世に問い、活動が始ま

ルネ・トレミヌ（『Tahra Story』
〔Tah768〕より）

る。レーベルの名称の由来は、映画
『風と共に去りぬ』（監督：ヴィクター・
フレミング、1939年）に出てくるタラ
（TARA）、これにヘルマンのHを入れ
てターラ（TAHRA）にしたらしい。
そして2014年5月、レーベルは最後の
CDを発売し、約22年で655点のCDを
出したその歴史に幕を下ろした。

　ミリアムは父が有名な指揮者だった
せいか、フルトヴェングラー夫人
（2013年3月他界）をはじめ、クナッパーツブッシュ、ヨッフム、ベー
ムらの家族とも親しい間柄だった。つまり、ミリアムの人脈と、トレ
ミヌの情熱とアイデア、この両輪がうまく回転していたのがターラだ
ったと言える。

　ターラが最初に大きく注目を浴びたのは1994年6月に発売されたフ
ルトヴェングラー指揮、フィルハーモニア管弦楽団によるベートーヴ
ェンの『交響曲第9番「合唱」』（1954年8月のライヴ、FURT-1003）だろ
う。この音源はLP時代から知られてはいたが、このターラ盤は放送
局に保管してあったオリジナル・マスターから初めて起こしたもので、
その鮮明な音質が話題になった。そのほか、アーベントロート指揮の、
めちゃくちゃに荒れ狂ったブラームスの『交響曲第1番』（1956年1月、
バイエルン国立管弦楽団、TAH-490～91）や、終楽章が極端なスローテ
ンポになるクナッパーツブッシュ指揮の『アイネ・クライネ・ナハト
ムジーク』（1940年、ウィーン・フィル　TAH-320～2）など、ターラか
らは多くの個性的な演奏が発売された。

　しかし、ターラのすごいところはブックレットに対するこだわりで
ある。トレミヌ自身「音も大事だが、それと同等にブックレットの内
容と写真も大切」と言っていたように、過去のどのレーベルもなしえ
なかったほどブックレットが充実している。例えば、ミリアムの父シ
ェルヘンの5枚組み（TAH-185～9）には140ページくらいの分厚いブ

ックレットに、写真やプログラム類がこれで
もかと満載されている。まあ、これは自分の
家に保管してあったものだから整理はしやす
かったのだろうが、形としてはCD付き写真
集と言ってもいいだろう。

『イン・メモリアム・ハンス・クナッパーツ
ブッシュ』（TAH-606～9）には数こそ少ない
が、クナッパーツブッシュの家族の写真集が
付いている。クナには脳の病気でわずか18
歳で死去した娘アニータがいた。ウィーン・
フィルの楽団員はこのアニータを「天使のよ
うにかわいい」と言っていたらしいが、その
顔が見られるのはこの写真集だけである。

メンゲルベルクの2枚組み

　オイゲン・ヨッフムの4枚組み3巻（TAH-466～9、470～3、474～7、
各巻バラ売り）も盛りだくさんだ。第1巻は家族の写真集で、第2巻は
録音年順のディスコグラフィー、第3巻はレパートリーの一覧と、ま
さにヨッフムのすべてがここにある。また、地味ではあるがパウル・
ファン・ケンペンの3巻（TAH-512～3、514～5、516～7）のなかに
も録音年順のディスコグラフィー（第2巻がSP篇、第3巻がLP篇）が掲載
されている。

　2000年ごろからだったと思うが、ターラはブックレットの見栄え
をよくするために、CDを上下に2枚並べたような縦型の特殊なケー
スを使用したものを発売した。例えばピアノのクララ・ハスキル
（TAH-389～90）はディスコグラフィーと豊富な写真が、同じくピア
ノのワルター・ギーゼキング（TAH-409～12）には詳細なディスコグ
ラフィー（作曲家別インデックス付き）がそれぞれ付いている。ウィレ
ム・メンゲルベルク（TAH-401～2）には同じく録音年順のディスコグ
ラフィーが付くが、それ以外にはメンゲルベルクのインタビューも
含まれる。驚いたのは付属の写真集だ。メンゲルベルクは戦犯として
スイスの山荘に追放されたのだが、この山荘の写真だけではなく、す

ぐ近くの小さな教会の鐘の音までCDに入っているのだ。おそるべきマニアックなつくりである。『イン・メモリアム・フルトヴェングラー』（FURT-1090～93）も写真が実に多い。このシリーズは縦長ケースのおかげで収納の点では不評を買うことがあったが、制作者の意気込みは十分すぎるくらい感じる。

　2012年5月、私はパリで初めてトレミヌに会った。むろん、ミリアムも一緒である。そのときはおもに『フルトヴェングラー名演集』（KKC-1030、7枚組みLP）が話題の中心で、トレミヌがジャケットのダミーを持参し、それについて意見を交換していたのだ。事前の話では、打ち合わせ終了後に食事をするということだったが、彼らは次の約束があると言い、足早に去ってしまった。しかし、よもやこれがトレミヌとの最初で最後の出会いになるとは、まったく想像していなかった。

　2014年5月、ターラからは『ターラ・ストーリー』（TAH-768）という、ジャケットに「最後のリリース」と記したCDが発売された。内容はシェルヘン、アーベントロート、フルトヴェングラーの演奏集（一部初出音源）だが、ブックレットにはその名のとおり、ターラ小史がしたためられている。

　パソコンを調べていたら、2013年8月から11月までにトレミヌから届いた8通の電子メールが残っていた。彼はこちらの質問にはきちんと返事をくれているし、逆に彼からは「この音源は日本で受けるだろうか」と相談されもした。トレミヌが亡くなる間際に熱く語っていたのはアーベントロートがモスクワに行った際の、ベートーヴェンの『交響曲全集』の音源だった。トレミヌから届いた試聴用の抜粋盤も手元に残っている。しかし、この全集はとうとうターラから発売されることはなかった。

　トレミヌは自身のCDを「（ミリアムとの）恋愛の産物」と言っていた。彼ら2人が発売したものをあらためて眺めてみると、これほど愛情を注がれたパッケージはほかに類例がないと言える。

　なお、ターラの音源の一部はその後、ライセンスとしてアルトゥスから発売されている。

（参考文献：「TAHRAレーベル創立10周年記念 主催者ルネ・トレミヌ氏にきく」〔「クラシックプレス」2002年秋号、音楽出版社〕から、『ターラ・ストーリー』〔TAH-768〕の解説書）

No.15
ムラヴィンスキー研究の第一人者・天羽健三のこと

　日本ムラヴィンスキー協会の事務局長だった天羽健三が2014年1月23日、76歳で亡くなった。一般の音楽ファンには天羽の名前はあまり知られていないと思うが、グレゴール・タシー『ムラヴィンスキー──高貴なる指揮者』（〔叢書・20世紀の芸術と文学〕、アルファベータ、2009年）の翻訳者として記憶している人も少なからずいると思う。そう、天羽の最大の功績は、旧ソ連の巨匠指揮者ムラヴィンスキーに関する調査・研究だった。

　私はこれまで、自分が聴いたすべての演奏会のなかで、ムラヴィンスキーとレニングラード・フィルの来日公演がダントツだと何度も書いてきた。その強烈な体験をもとに、これまでムラヴィンスキーについてあれこれと書く機会を与えられてきたのだが、天羽がその道筋を作ってくれたからこそ、私があそこまで書くことができたのである。なぜなら、旧ソ連というお国柄もあって、ムラヴィンスキーに関する資料は非常に乏しかったからである。極端に言えば、通り一遍の履歴以外の情報はまったくなかったのだ。

　天羽健三は1937年、朝鮮（当時）・釜山で生まれた。高校卒業までを和歌山市で過ごし、京都大学に入学。62年に同大学院機械工学科を中退後、東芝で原子力発電プラント設計に従事した。92年、定年前に東芝を退職し、その後、日機装に2002年まで勤務した。

　私が天羽と初めて会ったのは1999年秋ごろか2000年の初めだったと思う。私はちょうどそのとき、季刊「クラシックプレス」（音楽出版社）の編集をしていたので、その関係でとある人から紹介してもらっ

グレゴール・タシー『ムラ
ヴィンスキー──高貴なる
指揮者』天羽健三訳（叢書・
20世紀の芸術と文学）、ア
ルファベータ、2009年

た。それ以降、何回かお目にかかる機会はあ
ったが、いま振り返ってみると、音楽以外の
話──音楽以外の趣味、天羽の仕事の内容、
生まれ故郷や少年時代について、家族のこと
など──をまったくしていなかったのがわか
った。かといって、こちらがプライベートな
ことを聞くまいとしていたわけでもなく、ご
く自然にそうなっていただけである。

　日本ムラヴィンスキー協会は最初、大阪府
岸和田市の橋爪宏によって設立された。私も
天羽も設立後すぐに会員になったわけだが、
橋爪が諸事情によって事務局長を続けること
ができなくなると、天羽はその代理を買って出た。協会もムラヴィン
スキー夫人の来日（2回）や、次々と発掘される未発表音源とで話題
に事欠かない時期があった。しかし、最近ではネタが出尽くしてしま
い、協会の活動は休眠状態だったが、その協会を通じて天羽は実に立
派な仕事を成し遂げたのである。

　まず、最初にできあがったのはムラヴィンスキーのディスコグラフ
ィーである。1988年にムラヴィンスキーが死去すると、せきを切っ
たようにあちこちからさまざまな音源が出されはじめた。そのなかに
は録音データを記していないもの、架空のデータをあてがっているも
の、オーケストラ名が違っているものなどが多数含まれていた。いろ
いろと出てくるのは歓迎だが、同時に混乱も生じていた。こうした事
態を改善しようと、天羽はまずディスコグラフィーを協会の会報に掲
載した。これをもとにして93年3月、天羽の言葉によると「退職の際
にいただいた餞別をもとに」最初のディスコグラフィーを自費出版し
たのである。このディスコグラフィーはアメリカ在住のフランク・フ
ォーマンとの共同制作だったが、内容は英文で表記されていた。その
ため出版後、特に海外からも情報が集まり、その後2000年、06年に
改訂する際に大いに役立ったという。とにかく、このディスコグラフ

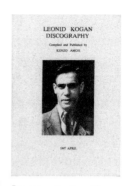

『レオニード・コーガン・
ディスコグラフィー』

ィーは天羽自身をはじめ、何人かで協力して
ディスクの音を聴き、情報の精度を上げてい
るところがすごい。

　もう一つは、コンサート・リスティング＝
演奏会記録である。ムラヴィンスキーの公演
の大半は旧ソ連でのものである。そこで
1999年夏に天羽はロシアに飛び、資料が保
管されているサンクトペテルブルクのフィル
ハーモニー音楽資料館へ足を運んだ。しかし、
そこで天羽は資料がまったく整理されていな
い現実に遭遇して「啞然とした」という。し
かも、プログラムそのものは持ち出しできないし、写真撮影も禁止で
ある。そこで天羽は、館長から資料の照合をしたものを後日送るとい
う約束を取り付け、帰国。その約半年後、資料館からロシア語でタイ
プされた資料が到着し、そこから英文のリストに書き換えられ、完成
したのである。

　天羽によると、いくつかのプログラムはすでに失われているという
が、それでもこれだけの記録を整えたのは快挙である。これを見ると、
そう頻繁ではないが、ムラヴィンスキーは意外に多くヨーロッパ各地
に出向いていたことがわかる。しかも、世界初演、旧ソ連初演の記述
もあるし、録音が確認されている曲目に関してはその旨が記されてい
る。ディスコグラフィーと合わせて見ていると、これはまさに史上最
強の資料である。

　このディスコグラフィーとコンサート・リスティングの最終形は前
述の『ムラヴィンスキー』の巻末に収められている。ページ数の関係
でディスコグラフィーはごく簡略化されているが、コンサート・リス
ティングは判明しているものはすべて掲載されている。本編とともに、
この本はムラヴィンスキーを知るうえでも最も重要な一冊である。

　天羽は『レオニード・コーガン・ディスコグラフィー』（1997年）
も自費出版している。こちらはムラヴィンスキーほど話題にはなって

いないが、ムラヴィンスキー同様に、情報は限りなく正確に磨き上げてあり、これまた大変な労作である。そのほか、出版はされていないが、アルヴィド＆マリス・ヤンソンス指揮者親子のディスコグラフィーも制作していた。

2011年3月11日の東日本大震災によって、福島の原子力発電所で未曾有の事故が起きたことはあらためて述べるまでもないだろう。その建設に直接携わっていた天羽にとって、この福島原発の事故は相当なショックだったらしい。私は葬儀の日に初めて知ったのだが、天羽は「福島の事故に対して、何か自分ができることはないだろうか」とときどきつぶやいていたという。とある人が、「あの原発事故がなければ、天羽さんはもうあと2、3年は元気だったかもしれない」と言っていたが、確かに自分もそう思う。

これまではムラヴィンスキーなどの旧ソ連関係のアーティストについて疑問点が出たときは天羽に尋ねればよかった。しかし、それはもうできなくなってしまった。

（ディスコグラフィー、コンサート・リスティングの制作秘話は季刊「クラシックジャーナル」第20号〔アルファベータ、2006年〕に掲載されているが、当該雑誌は出版社には在庫がなく、古書だけになる。）

No.16
ジョージ・セル、好きではないけれど、やはりすごい

ジョージ・セルは、自分から最も遠い指揮者だと思っていた。「精密機械のようなアンサンブル」と言われても、「オーケストラは人間の集団だ」と言い返したかった。しかしながら、手兵クリーヴランド管弦楽団とのベートーヴェン『交響曲全集』がSACD化されたのを機に、苦手なセルをまとめて聴き直そうと決心した。その結果は、思ってもみないものだった。

セルの略歴を、ざっと記しておく。生まれは1897年、ハンガリー

のブダペスト。幼少期はウィーンで過ごし、1908年に11歳でピアニストとしてデビュー、と同時に作曲家として注目される。13年には急病の指揮者に代わり、指揮台に立つ。その後、ベルリンでR・シュトラウスと出会い、親交をもった。39年、第二次世界大戦が勃発したため滞在先のアメリカにとどまり、46年にはアメリカの市民権を得る。同年、クリーヴランド管弦楽団の音楽監督に就任し、同楽団を超一流のアンサンブルに育て上げた。70年、クリーヴランドで死去。

　セルは生前から毒舌で知られた。同じタイプに古くはクレンペラー、少し前にはチェリビダッケなどがいたが、彼らの毒舌には多少なりとも愛嬌があった。だが、セルのそれは一切の容赦がなく、彼の舌はまるでムチのようだった。ある日、ヴァイオリン奏者が階段を転げ落ちたが、セルの第一声は「楽器は無事か？」である。セルとクリーヴランド管のコンビは高い評価を得るようになった半面、一部の団員のなかでは不満がくすぶっていた。そして、とうとう事件が起きた。プロコフィエフの『交響曲第5番』のリハーサル時の模様を Michael Charryの『George Szell: A Life of Music』（University of Illinois Press, 2014）から引用してみよう。

　　セルはオーケストラを止めて、穏やかに言った。「マーク（首席オーボエ奏者マーク・リフシー）、いまのピッチはおかしくないか？」。このひと言で、マークにたまっていた感情が爆発した。「私のピッチが気に入らなければ、ほかの奏者を呼べばいい」。全体が凍り付いたのは数秒程度だったが、それはまるで数分間続いたように思えた。セルは返答した。「よろしい、出ていきたまえ」

　リフシーはのちに、サンフランシスコ交響楽団に移籍した。以前、サンフランシスコ響に招かれたセルは練習のとき、「こんなひどいオーケストラはごめんだ」と言って本番をキャンセルしたことがあった。そのサンフランシスコ響は間もなくヨゼフ・クリップスを音楽監督に迎え、急速な発展を遂げる。

セル／ベートーヴェン『交響曲全集』

　セルのベートーヴェン『交響曲全集』（①）は1957年の『第3番「英雄」』に始まり、64年の『第2番』まで、7年かけて9曲の交響曲を収録している。私はこれを、ほぼ番号順に聴いた。全体の印象は、まことに精緻に磨き上げられ、気品と情熱とが見事にバランスされたものだ。音符そのものが鳴っているようでもあり、これを理想的な響きと考える人が多いことも理解できた。音質も非常にいい。

　『第1番』の序奏、このきれいな響きを聴けば、誰だってその先を聴きたくなるだろう。『第2番』も、古典的均整美とオーケストラの機能美とがしっかりと握手している。『第3番「英雄」』は、少しも力んでいないのに雄々しさは十分。驚いたのは第4楽章のコーダである。ここは弦を目まぐるしく移動しなければならないので、プロでもピタッと合わせるのが難しい。でも、逆に言えば、多少ずれていて、一気になだれ込んだほうが荒々しい迫力が出る。乱れるのを気にする指揮者は無理にテンポを速くせず、縦の線が合うように腐心する。だが、セルはきっと鬼のように練習したのだろう。こんなに速くて音の粒立ちがはっきりしている例は、ほかに皆無だろう。

　『第4番』は、全集のなかでも傑作の一つかもしれない。印象的なのは、第1楽章の快速に比べると、第4楽章はややゆったりしたテンポを採用しているところだ。『第5番』は、ときに汚い響きや粗暴さが効果を増す曲でもある。しかし、セルの演奏にはそんな場面はひとかけらもない。では冷たいのかというと、決してそうでもない。なお、第4楽章で第3楽章の終わりの部分が再現される直前（第145小節から）、徐々にテンポが落とされているが、こういう例はセルには珍しい。

　『第6番「田園」』は、少し前に観たアニメ『君の名は。』（監督：新海誠、2016年）を思い出した。実写とはまた別次元の美しさ、ああいった感じだ。第5楽章の冒頭、ヴィオラがきれいなハーモニーで鳴り、ホルンがそこにふわりと乗り、さらにヴァイオリンの清らかな音色が

続く。ここの部分は、あらゆるCDのなかでも最美の一つだろう。『第7番』は『第5番』と同じことが言える。こんなに貴族的な演奏は珍しい。『第8番』は第1楽章のリズムがちょっと硬いのが気になるが、ほかは問題なし。

『第9番「合唱」』は曲想のために、もっと浪花節的な気分がほしいと思う人もあるだろう。でも、これだけ整然と鳴らした演奏はほかにないし、なるほどと思う箇所も多い。また、第3楽章の清朗さ、これを否定する人はほとんどいないだろう。

きっかけは何だったのか忘れてしまったが、たまたまセル指揮、クリーヴランド管のメンデルスゾーン『交響曲第4番「イタリア」』（②）のSACDシングルレイヤーを買い、そのすばらしさに感激してセルのSACDシングルレイヤーを片っ端から買ったことがあった。この『イタリア』、そして併録の『真夏の夜の夢』、この柔らかさは絶品だ。セル指揮クリーヴランド管を実際に聴いた知人は、「まるで噴水の上に乗っかっているようだった」と語ったが、このメンデルスゾーンからは、それが聴き取れる。

シューマンの『交響曲全集』（③）も2枚のディスクでそろう。これは全集としての平均点が非常に高いと思う。今回試聴して、特に『第2番』にしびれた。第2楽章の軽やかさ、そして第3楽章の清楚な響きは最高。

セルは若き日にR・シュトラウスのアシスタントを務めていたが、そのシュトラウスの『ティル・オイレンシュピーゲルの愉快ないたずら』『ドン・ファン』『死と変容』（④）も、セルを語るうえでははずせない。R・シュトラウスの管弦楽作品は音の数が異様に多い。だから、奏者が多少手抜きしたところで、大勢にはあまり影響はない。ところが、セルの演奏は細部まで徹底してごまかしなし。とにかく、これだけオーケストラが晴れ晴れと鳴っている、この爽快感は無類だ。

セルは1970年に来日し、帰国直後に亡くなった。来日公演（⑤）はよき思い出の一つだが、そのなかではモーツァルトの『交響曲第40番』が、セルには異例だ。特に第1楽章がロマンチックというか、何

か感傷的。己の最期を悟っていたために、こうなったのだろうか。

　セルは1946年にクリーヴランド管弦楽団に就任する際、全権限を指揮者に与えるよう理事会に求め、これは実現された。つまり、団員を指揮者の意志で替えられる、クビにできるということだ。でも、彼はゲームのように団員を入れ替えたわけではない。セルは「ときには心が痛むこともあった」と語っていたとおり、音楽のためだった。よき音楽への欲求が誰よりも強く、そしてそのためには非情になることに徹したセル。彼の強烈な意志は、残された録音に克明に刻まれている。

文中でふれたセルのディスク

①ベートーヴェン『交響曲全集』（ソニーミュージック〔タワーレコード〕／ソニー・クラシカル　SICC-10224〜8）

②メンデルスゾーン『交響曲第4番「イタリア」』『真夏の夜の夢』（Sony Classical〔輸入盤〕SS-89343）

③シューマン『交響曲全集』（Sony Classical〔輸入盤〕SS-89381〔第1番＋第3番〕、SS-89382〔第2番＋第4番〕）

④R・シュトラウス『ティル・オイレンシュピーゲルの愉快ないたずら』『ドン・ファン』『死と変容』（ソニーミュージック／ソニー・クラシカル SRGR-734）

⑤『ライヴ・イン・東京1970』（モーツァルト『交響曲第40番』、シベリウス『交響曲第2番』ほか、ソニーミュージック／ソニー・クラシカル SRGR-747）

＊以上、すべてクリーヴランド管弦楽団、①：SACDハイブリッド、②-⑤：SACDシングルレイヤー（録音：1957-67年、すべてステレオ）

No.17
ブルメスターと「幻の長時間録音」

　東京・神田神保町にあるレコード会社・富士レコード社が2018年

に創業88年を記念し、『ヴィリー・ブルメスター全録音集』（①）のCDを完成させた。なぜ、この企画がなされたのか。理由は3つある。まず一つは過去に単発的な復刻盤しか存在しなかったこと。そして、もう一つは日本録音が2曲あること。さらに、小品13曲のSP盤はきわめて希少で入手が難しく、なおかつ非常に高額（ときには1枚50万円程度）である

『ヴィリー・ブルメスター全録音集』

ことから、全点を所有するコレクターは世界的にみても少ないからである。

　未曾有の大災害である関東大震災が起こった1923年（大正12年）の春、「パガニーニの再来」と呼ばれたドイツのヴァイオリニスト、ヴィリー・ブルメスターが日本の土を踏んだ。ブルメスターは約4カ月日本に滞在し、その間、当時大阪に本社があったニットーレコード（日東蓄音器）で自作の『ロココ』とフンメルの『ワルツ』を録音している。当時はまだラッパ吹き込み（アコースティック）の収録だった。来日アーティストの国内録音としては、テノールのアドルフォ・サルコリがヴェルディの『歌劇「リゴレット」』からの「女心の歌」を12年に収録した例があるが（ロームミュージックファンデーションの『SP復刻集Ⅰ』に収録）、器楽奏者としてはこのブルメスターが最も古い部類ではないか。

　私はこのブルメスターのCDの解説を書いてくれないかと言われたのだが、これを機に、ブルメスターの日本録音がいつ、どこで収録されたのかを解き明かすことに最も重点を置いた。そこで注目したのが、かつてニットーレコードが発行していた月刊の販促誌「ニットータイムス」（日東タイムス社）だった。調べた結果、大阪の国立文楽劇場の図書閲覧室と京都市立芸術大学の日本伝統音楽研究センターの2カ所に多数所蔵されていることが判明した。しかしながら、双方ともに歯抜けの状態なので、2カ所に足を運ぶ必要があった。

　そこで、2018年10月末、私は2日を費やし、月刊誌を見にいった。

大阪の文楽劇場では、エレベーターの前で「警備員が来るまでお待ちください」と言われ、ちょっとびっくりしたが、図書閲覧室での職員の応対はとても親切だった。

　翌日は、京都市立芸大。ここは京都駅からバスで40分もかかるという、とんでもなく不便な場所にある。だが、幸いなことに知人が運転して連れていってくれた。そして、9時前に到着し、開館と同時に入ろうと思った。しかし、通常の図書館は9時開館だが、伝統音楽の図書館は10時開館であり、しまったと思った。でも、職員が「いいですよ」と言ってくれ、開館前にもかかわらず、なかに入れてくれた。時間を無駄にせずにすんで、とてもありがたかった。

　以上の2カ所で「ニットータイムス」を調べてみたが、残念ながら、ブルメスターの録音データに関しては、一切記述はなかった。では、調査が無駄だったかというと、決してそうではない。ニットーレコードは東京にも「吹込所（録音スタジオ）」があっただけでなく、あちこちで出張録音をおこなっていたのである。つまり、ブルメスターの録音も、彼らが滞在していたホテルとか、あるいはきちんと調整されたピアノがある部屋とかでなされた可能性もある。したがって、ブルメスターの録音に関しては「大阪本社」「東京」などの情報があるが、これらはすべて根拠がない。収録を「4月」とした記述、これまた根拠不明である。はっきりしていることは、ブルメスターのSP盤は「10月売出」であること。しかし、「ニットータイムス」の1923年10月号にはブルメスターのSPを買って感激した読者の投稿が掲載されている。「ニットータイムス」が仮に9月20日発売だとしたら、8月末ごろには店頭に出ていたと推測される。

　『ブルメスター全録音集』には1909年のベルリン録音が8曲、23年の日本録音が2曲、32年のデンマーク録音が3曲収録されている。これらに共通するのは、張りがあって透明感が強く、上品な甘さをたたえた、なんとも言えず美しい演奏であることだ。電気録音であるデンマーク録音がブルメスターの実際の音に近いと思うのだが、実のところ、09年の録音にもこれだけの情報量が含まれているのには驚いた。日

ニットーの長時間レコード

速度調整器を使用したイメージ

本録音は私たちにとってかけがえのない遺産であるとともに、海外の
コレクターには垂涎の的である。特に、『ロココ』は唯一の自作自演
録音である。

「ニットータイムス」を読んでいて、面白いことがわかった。ニット
ーレコードは、当時としては画期的だったSPの「長時間録音」をお
こなっていたことだ。SP盤はLP盤と同じく角速度一定で、片面約4
分弱が収録可能である。しかし、ニットーはイギリスのワールドレコ
ードが開発した長時間レコードに追随し、「線速度一定」のSP盤を独
自に開発した。これによって、片面で10分以上収録可能なレコード
の開発に成功したのである。第1回発売は1926年11月。

　線速度一定とは、外周はゆっくりと回転し、内周にいくにしたがっ
て回転数が徐々に速くなる仕組みである。この再生をする際には速度
調整器（ワールドコントローラーとも呼ばれる）を使用する必要があるが、
それはSP盤の上に外周をゴム加工した車輪をあてがい、速度を調整
するものだった。当時の「ニットータイムス」の記事には「需要が多
くて生産が追いつかない」とうれしい悲鳴が書かれてはいたが、実際
は発売後、わずか1年ちょっとでその歴史に幕が閉じられている。こ
れはある程度想像がつく。サウンドボックス（LPプレーヤーのカートリ
ッジに相当する）の針圧が200グラム前後であり、そこに速度調整器の
負荷も加わる。当時の蓄音器はゼンマイで駆動しているので、ターン
テーブルが二重の負荷には耐えられなかったのだろう。きっと、レコ

ード会社には「うまく再生できない」という苦情が多数寄せられたと思われる。

とはいえ、長時間録音によって70近い録音がおこなわれ、なかには浄瑠璃や三味線の歴史的名手による貴重な演奏も含まれている。そうした録音を集成した『復元 幻の「長時間レコード」』(紀伊國屋書店／5枚組み、②)が、2006年に発売されている。これは、コンピューターによってピッチを調整したもので、それ相応に手間暇かけて復刻されている。解説書も充実していて、まことに貴重なCDと言える(このセットにはSPの発売月が明記してあるが、録音データはない)。

長時間SPレコードは、海外でもごく短命に終わったようだ。しかし、長時間録音が可能であるがために、先ほどふれた日本の伝統芸能が収録されたのである。これらの長時間レコードは現在では再生が困難だが、将来、技術が進めば、もっと楽に復刻される日がくるだろう。ニットーレコードは戦後間もなく消滅しているが、彼らによって録音されたブルメスターの日本録音は、貴重な遺産として未来永劫、語り継がれていくのである。

文中でふれたCD

①『ヴィリー・ブルメスター全録音集』(バッハ『アリア』、ラモー『ガヴォット』、ヘンデル『メヌエット』、ブルメスター『ロココ』、シューマン『トロイメライ』、メンデルスゾーン『ヴァイオリン協奏曲』より「第2楽章」ほか全13曲、富士レコード社　F78-2〔問い合わせ先：03-3264-8546、https://www.fuji-recordsha.co.jp/〕)

②『復元 幻の「長時間レコード」――山城少掾 大正・昭和の文楽を聞く』(5枚組み、紀伊國屋書店　KKMS-1)

No.18
伝説のプロデューサー、ジョン・マックルーアとの関わり

　CDを制作し続けていたなかでうれしかったことの一つは、伝説のプロデューサー、ジョン・マックルーアと直接やりとりができたことだった。彼はアメリカ・コロンビアに勤務中、ブルーノ・ワルター、レナード・バーンスタイン、イーゴル・ストラヴィンスキーなどの録音を多数手がけていた人物で、特にワルターを通じては日本の音楽ファンにもその名を広く知られている。

　マックルーアは1929年6月28日、アメリカ・ニュージャージー州ラーウェイ生まれ。一時ピアノを習っていたが途中で挫折し、大学も中退しているらしい。50年から音楽の仕事を始め、その後コロンビアに入社、最初は録音エンジニアとして働き、そのあとはずっとプロデューサーとして活躍した。2014年6月17日、バーモント州ベルモントの自宅で亡くなった。84歳。

　私はかつて日本コロムビアから発売されたワルターのLP、ハイドンの『交響曲第100番「軍隊」』『交響曲第88番「V字」』（OS-307、1964年3月新譜）に、マックルーアが書いた「ブルーノ・ワルターのリハーサル──その教訓と喜びと」（出典はアメリカ「High Fidelity」誌）が掲載されているのを知った。この貴重な文献はその後再使用されずに埋もれていたので、これをぜひとも自分のCDの解説書に転載したいと思い立った。

　2010年の夏ごろだと思うが、私はマックルーアはすでに故人だと思い込み、彼の遺族を探すことに夢中だった。しかし、いっこうに解決の糸口が見えなかったが、バージニアのディスコグラファー、マイケル・グレイが、「マックルーアは元気でいるよ。これが彼のメールアドレスだ」と助け船を出してくれた。すぐにマックルーアにメールを送信し、再使用の許諾を得るとともに、翻訳した掛下栄一郎（早稲

ワルター（左）とマックルーア（右）

田大学名誉教授）にも同じく許諾を得ることができた。こうしてマックルーアの手記はワルター指揮、コロンビア交響楽団、ブラームスの『交響曲第1番』ほか（GS-2060）、同じくブラームスの『交響曲第2番』＋『第3番』（GS-2061、いずれも2011年発売）に、分割して掲載した。

その後、この手記はリマスターしたブラームスの『交響曲第1番』ほか（GS-2149）、同『交響曲第4番』ほか（GS-2150、いずれも2016年発売）にも同様に分割して掲載した。

　マックルーアとのやりとりの一部はGSシリーズのワルター盤の解説でも紹介しているが、ここでは手元に残っていた彼からのメールを紹介しておきたい。なお、私がマックルーアに宛てたメールは保存していないので、やりとりの全貌が見えにくい場合もあるが、その点はご了承いただきたい。

　まず、いちばん最初にマックルーアに宛てて原稿の再使用の許諾と再使用料の支払いについて尋ねたときの返信である。

「私が書いたブルーノ・ワルターの記事を見つけ、それを再使用なさりたいとのこと、とてもうれしく思います。私はそれを誇りに思っていますし、人々が46年も経過しても読みたがっているのは喜びです。そして、人々はワルターがどれほど偉大だったかも認識しているのでしょう。ワルターは思い出深い人でもあるので、私はある出版社からコロンビア時代のことについての本を書いてくれないかとせかされています。私が書いた別の原稿では、ベートーヴェンの『交響曲第5番』のオリジナルLP（リハーサルが含まれています）に "Bruno Walter at Work" を書きました。もしもお持ちでなければ、コピーをお送りします。使用料については、それで問題ありません。興味をもってく

ださり、ありがとう。ジョン・マックルーア」（2010年10月28日）

　次はブラームスの『交響曲第1番』の第2楽章のソロは誰が弾いているのかということと、コロンビア交響楽団の弦楽器の人数について尋ねたときの返事である。

「平林様　お便りありがとうございます。年末年始のお休みは楽しく過ごされたと思います。お尋ねの弦楽器の人数ですが、高弦から低弦に向かってモーツァルトでは8-6-4-3-2、ベートーヴェンは10-8-6-4-3、ブラームスは12-10-8-6-4、ワーグナー／マーラー／ブルックナーは14-12-10-8-6となります。すべてのヴァイオリン・ソロはコンサートマスターだったイスラエル・ベイカー（Israel Baker）です。彼はストラヴィンスキーの『兵士の物語』でもソロを弾いていますが、すばらしい奏者です。

　以前、私が書いたベートーヴェンの『交響曲第5番』についての記事についてお知らせしましたが、どこにしまったのか、まだ見つかっていません。敬具　ジョン・マックルーア」（2011年1月4日）

　ベートーヴェンの『交響曲第9番「合唱」』のセッションの際の写真を見つけ、場所と人物について問い合わせたときの返信。

「直哉様　私たちはもう友達なのですから、ファースト・ネームでかまいません。ブラームスのCDが届きました。すてきですね。この写真は面白いです。どうしてこれを知ったのですか？　これは明らかにニューヨークのものですが、マンハッタン・センターかカーネギー・ホールか、それともコロンビアの30番街なのか、ちょっと答えられないですね。

　前列左はデイヴィット・オッペンハイム、私の上司であり、マスターワークスの前責任者です。1957年に、彼が私をコロンビアのエンジニア部門のテープ編集者として雇ってくれました。彼の後ろにいるのがフレッド・プラウト、東海岸のミキサーです（と同時にカメラマンでもあります）。ブルーノ・ワルターと私、そして4人のソリストです。

ワルター／『第9』の録音セッション

　ステレオの『第9』に関して、私はハリウッドのアメリカン・リージョン・ホールでオクシデンタル大学合唱団とやったと記憶しています。ちょっと、頭が混乱しています。私の手元にある『第9』のコピーを見る必要があります。ハリウッドでうまくいかなかったので、録り直した可能性もありえます。52年は記憶を混乱させます。私たちは謎解きをしましょう。敬具　ジョン」（2011年3月1日）
『第9』に関して最新の調査によると、第1楽章から第3楽章、および第4楽章の声楽が入る手前までハリウッドで録音され、それ以降はセント・ジョージ・ホテルで収録されたということらしい。

　マーラーの『大地の歌』（GS-2069）を制作する際に、この録音に関して尋ねたときの返信が以下のものである。しかしながら、自分の記憶があいまいで、なぜマックルーアにミルドレッド・ミラーの連絡先を尋ねたのかがはっきりしない。おそらく、まだ存命だろうから、ミラーからのなんらかのコメントがほしくて彼に連絡先を尋ねたのかもしれない。
「直哉様　私はこの10年ほど私の古い録音を聴いていませんが、待ち遠しいです。私がハリウッドでワルターの録音をおこなっていた1シーズンか2シーズンのとき、ワルターがニューヨーク・フィル公演

（ワルターの心臓発作で延期されていた）を指揮しました。そこで私はレニー（バーンスタイン）の録音をおこなっていたニューヨークのマンハッタン・センターを喜んでセッティングしました。

　レニーの録音セッションがあった日にワルターの録音もあったので、レニーがワルターのセッションに顔を出してこんなふうに言っていました。「なぜあんなに速いんだろうか？」「リタルダンドが十分じゃない」。私はなんと僭越な物言いだろうと思いましたが、「きっとマーラー直伝なんでしょう」と答えるのが精いっぱいでした。

　ワルターは残響豊かなホールの音響特性にすみやかに対応し、時間どおりにセッションを終えてくれたので、うれしかったです。ミルドレッド・ミラーも満足していました。私は彼女の連絡先を失念しています（50年も前のことですから！）。でも、Googleで検索すれば連絡先がわかると思います。私も彼女にあいさつしたいです。貴重なお仕事を続けてください。温かい気持ちを込めて。ジョン」（2011年8月18日）

　ワルターとニューヨーク・フィルは1960年4月15日、16日、21日、24日にマーラーの『大地の歌』の公演をおこなっている。この公演で歌ったのはモーリーン・フォレスター（アルト）とリチャード・ルイス（テノール）で、普通にいけばこの歌手を起用して録音がなされるはずだが（録音がおこなわれたのは4月18日、25日）、コロンビアのセッションではミルドレッド・ミラー（メゾ・ソプラノ）とエルンスト・ヘフリガー（テノール）が歌っている。この点について尋ね、その回答と思われるのが次の返信である。

「直哉様　よく探索なさっています。演奏会での歌手は別のレコード会社〔RCA。フリッツ・ライナー指揮、シカゴ交響楽団：引用者注〕ですでに録音をおこなっていたので、歌手を変更せざるをえませんでした。

　ベートーヴェンの『第9』のCD（GS-2067）が届きました。すばらしいお仕事です。敬具　ジョン」（2011年9月3日）

　ワルター指揮コロンビア交響楽団との録音セッションで、モーツァ

打ち合わせをするワルターとフランチェスカッティ。後ろがケイガン

ルトの『ヴァイオリン協奏曲第3番』『ヴァイオリン協奏曲第4番』ではジノ・フランチェスカッティが起用されたが、これはもともとヨゼフ・シゲティで計画されていたと言われる。しかしながら、当時すでにシゲティには技術的な衰えが著しいとされ、フランチェスカッティに変えたらしい。この真偽について、マックルーアに尋ねてみた。

「直哉様　私は変わりないですが、健康上の理由でちょっとぐったりしています。お寿司を十分食べていないのですよ！　『大地の歌』（GS-2069）をいただいておきながら、お礼を言うのが遅くなりました。まったくすばらしいですし、私には感動的なものです。

　その話の真偽については知りませんが、ありうることです。シゲティとなら喜んでやったでしょうけど、そのころ彼は技術上の難点がありました。私がエンジニアとして働いていたときに、シゲティのバッハの『無伴奏ヴァイオリンのためのパルティータ』を編集したのを覚えています。それは、とても骨の折れるものでした。

　私のランダムアクセスメモリーを調べて、この録音セッションについて何かあるか見てみましょう。お元気で。いつものジョン」（2012年4月27日）

　ワルターとフランチェスカッティの録音セッションの写真を見つけたが、彼ら2人の後ろに立っているのは誰かとマックルーアに尋ねてみたときの返信。

「直哉様　彼はフィリップ・ケイガン（Philip Kahgan）、ロスアンジェルス・フィルの元首席ヴィオラ奏者です。ケイガンはオーケストラ・メンバーの契約に関して、何年もの間、私たちに貢献してくれた人です。彼はまたパラマウント・スタジオの契約関係の仕事を一手に

引き受けていましたし、ハリウッドのスタジオ奏者やロス・フィルの首席奏者など、優れた奏者を大勢抱えていました。彼は粘り強く、いつも最善を尽くしていました。彼はまたハリウッド・ボウル・オーケストラとも契約していました。

　ケイガンの最悪の癖は、私が編集作業をしているときに、歩き回りながらポケットに入っている小銭をジャラジャラ鳴らすことで、私は叱っていました。彼はまた私たちにストラヴィンスキーのためのオーケストラも編成してくれました。彼のモットーは、「友達はない、家族もない」で、始終繰り返していました。

　モーツァルトのCDを送ってくださり、ありがとうございました。お元気で、ジョン」（2012年6月6日）

　以上がマックルーアの返信である。これで全部のような気もするし、何通か抜けているような気もするが、いま一つはっきりしない。ある日知人に、あの伝説のプロデューサー、ジョン・マックルーアとつながっているんだと話をしたら、「それはすごいね。会いにいけば？」と言われた。確かにそうだ。実際に会いにいけば、もっといろいろなことが聞けたのは間違いない。これについては、いまではちょっと後悔している。

　もう一つ、おやっと思ったことがあった。それは、マックルーアと同じくワルターの録音プロデューサーだったトーマス・フロストのことである。彼もまた録音手記「ブルーノ・ワルター、最後の録音セッション」を書いていて、私はこれも転載したいと考えていた。そこで、マックルーアにフロストの連絡先を知らないかと送信したのである。ところが、これについては、とうとう返信がなかった。単に忘れていたのかもしれない。しかし、マックルーアは遅れても、必ず返事をくれる人だと記憶している。ここは、2人の間にきっと何か気まずいことでもあったのだろうと推測し、深追いはしなかった（その後、フロストの連絡先が判明し、彼の許諾をもらってフロストの貴重な手記はベートーヴェンの『交響曲第6番「田園」』〔GS-2115〕に掲載できた）。

世界最古のベートーヴェン
『「田園」交響曲』を聴く

　このあいだ久しぶりにDVD『アート・オブ・コンダクティング
──今世紀の偉大な名指揮者たち』（ワーナーミュージック
WPBS95017）を観た。そのなかでアルトゥール・ニキシュ、言うまで
もなくベルリン・フィルの第2代音楽監督を「ニキシュは初めてベー
トーヴェンの『交響曲第5番「運命」』の全曲録音をおこなった」と
紹介していた。これはいまもなお、広く世界的に定説になっているよ
うだ。

　ニキシュ以前に録音されたものも、あることはあった。しかし、そ
れらは「ストリング・オーケストラ＝弦楽合奏団」と表示されていた。
これは、ある程度想像がつく。1925年、レコード産業ではマイクロ
ホンを使用した電気録音が始まり、これによって音質は飛躍的に改善
された。しかし、それ以前の録音方式とは、演奏者が大きなラッパの
前で演奏し、その音を薄い金属板で振動させ、それをワックス盤に刻
むという原始的なものだった。そのため、特にオーケストラのような
大編成には不向きであり、ティンパニや大太鼓、またはトランペット
など音の大きな楽器を使用してしまうと、ほかのパートをかき消して
しまうと思われていた。だから、その当時には弦楽器だけで収録した
演奏も存在したのだろうと考えられていたのである。

　ところが、1990年代の後半ごろだろうか、研究家であり日本随一
のコレクターだった故クリストファ・N・野澤（17ページ「No.3 クリス
トファ・N・野澤をしのぶ」を参照）が、最古の録音（1910年）と思われ
るベートーヴェンの『交響曲第5番』のSP盤（ドイツ・オデオン
XX76147～54、4枚組み、8面）を手に入れた。その当時、私は野澤
から手紙を受け取ったが、そこにはこう記されていた。「指揮者名はな
く、Grosses Odeon-Streich-Orchester＝大オデオン弦楽合奏団と表

記されたSP盤は、表記とは異なり、スコアどおり管楽器やティンパニも入っている演奏であり、この当時ありがちなカットもない」。後日、私はこのSPのカセットテープを譲ってもらうのだが、このような貴重な音源を惜しげもなく提供する野澤の、言うなればコレクターらしからぬ態度はすばらしいと思った。

で、その演奏なのだが、確かにスコアどおりにすべての楽器がそろっているし、カットもない。第4楽章の反復はおこなっていないが、第1楽章は反復ありである。音質は、言ってみれば蚊が鳴くような貧しいものだから、指揮者名を伏せたのはなんとなく理解できる。けれども、フル編成（と言っても、弦楽器は各パートせいぜい1人か2人だろうが）でありながら、「シュトライヒ＝ストリング＝弦楽器」オーケストラと表記しなければならなかった理由はわからない。

もう一つ気がついたのは、テンポの動きから推測すると、明らかに指揮者の存在が感じ取れるのだ。コンサートマスターだけのリードでは、こうはいかないだろうな、と。そこで、私はベルリンの研究家であるオリヴァー・ヴルルに連絡を取ってみたのだが、オリヴァーはSPのマトリクス番号（SP盤はカタログ番号よりもマトリクス＝母型番号のほうが重要）から、指揮者はフリードリヒ・カーク（Friedrich Kark、1896-没年不明）だという情報を提供してくれた。その後、この指揮者不詳、大オデオン弦楽合奏団なる『運命』はCD化（ウィングディスクWCD62〔現在品切れ〕）（①）されたが、表記についての謎解きは未解明のままである。

アーノルド（Claude Graveley Arnold）が編纂した『The Orchestra on Record, 1896-1926』（Greenwood Press, 1997）という本がある。これはラッパ吹き込み時代のオーケストラ録音のレコード番号、録音年月、初発売を記した、実にとんでもない労作である。それによると、この大オデオン弦楽合奏団と表記されたレコードは、40種類以上も存在するらしい。そこで、気になったのはベートーヴェンの『交響曲第6番「田園」』、この全曲録音も、同じ団体で存在するという。

この事実を知って以来、シュトライヒ＝ストリング・オーケストラ

ベートーヴェン『田園』　　ベートーヴェン『田園』
（イギリス・オデオン）　　（ドイツ・オデオン）

の『「田園」交響曲』のSPがほしくてたまらなくなった。数年前一度
だけ、5枚組みのなかの1枚だけが売っていたが、気づいたときには
誰かの手に渡っていた。ところが、最近、ようやく手にすることがで
きたのだ。とはいえ、5枚組みのなかの2枚だけ、1枚目（ドイツ・オデ
オン　76292）（②）と3枚目（イギリス・オデオン　RX92）（③）、内容で
言えば第1楽章の前半部分と、第2楽章の後半部分である。これだけ
古いレコードは、こうした歯抜けで売られることが多い。録音年は明
らかではないが、アーノルドの著作によると1913年4月、ドイツの雑
誌にレビューが掲載されているらしいので、そうなると12年の晩秋、
もしくは13年初頭ごろの収録だと推測される。

　この弦楽合奏団による『交響曲第6番「田園」』は、同じ名前の団
体による『第5番「運命」』と同じく、管楽器も普通に入っている演
奏だ。ただ、今回は第4楽章「嵐」が入手できなかったので、ティン
パニが使用されているかどうかの確認はできなかった。演奏そのもの
は、なんだかほのぼのとしていて、明るい。まず、テンポの設定がと
てもいい。適度に速く、聴き手を引き寄せる。そして、特に第1楽章
では場面によって微妙に揺れ、なかなか効果的だ。指揮者名はないが、
一定以上の実力をもった指揮者が振っていたのだろう。また、ヴァイ
オリンにポルタメントがときどき使用されているのも、時代を感じさ
せる。おまけに、第1楽章は提示部の繰り返しもおこなわれている。
今回は残念ながら入手できなかったが、第3楽章、第5楽章もきっと
すばらしいだろうと期待をもたせる内容だ。

今回、新たな発見というと大げさだが、1枚目のドイツ・プレスと3枚目のイギリス・プレスとで、表記の違いがあるのに気がついた。ドイツ・プレスは先ほども書いたように、大オデオン弦楽合奏団と記されているのに対し、イギリス・プレスは単に「ザ・オデオン・オーケストラ」、つまり大（グロッセ＝グレイト）も弦（シュトライヒ＝ストリング）も加えられていないのだ。このレコードはドイツで制作されているので、イギリスで発売された際、大も弦もおかしいということで、あのような表記が採用されたのだろうか。

『運命』『田園』以外の大オデオン弦楽合奏団の演奏なのだが、私は以前、ドイツのウェブサイトであるTRUESOUND TRANSFERS（https://www.truesoundtransfers.de/index.html〔2021年9月2日アクセス〕）からCD-Rを購入したことがある。曲目はコルネリウスの『「バグダッドの理髪師」序曲』、フンパーディンクの『「ヘンゼルとグレーテル」序曲』、ハイドンの『交響曲第94番「驚愕」』、モーツァルトの『交響曲第39番』（TT-2109）（④）、指揮者はエドゥアルト・キュネッケと表記されている。このサイトではMP3でも音源を入手できるようだが、この原稿を書くにあたってこのサイトを確認したのだが、TT-2109はなぜだかカタログには含まれていない。CD-RやMP3だから、廃盤はあまり考えられない気がするのだが……。

アーノルドの著作によると、この大オデオン弦楽合奏団の全曲録音がおこなわれたあと、次に『交響曲「田園」』が全曲録音されたのは1923年ごろ、ハンス・プフィッツナー指揮、ベルリン新交響楽団（ドイツ・ポリドール）だという。つまり、約10年もの間、ベートーヴェンの超有名作品である『交響曲「田園」』の新録音が、世界中でまったくおこなわれていなかったのである。こんなことは、いまの時代では想像できない。

文中でふれたレコード
①ベートーヴェン『交響曲第5番「運命」』（CD）／大オデオン弦楽合奏団（録音：1910年、ウィングディスク　WCD62）

②ベートーヴェン『交響曲第6番「田園」』(SP) より第1楽章／大オデオン弦楽合奏団（ドイツ・オデオン　76292）

③ベートーヴェン『交響曲第6番「田園」』(SP) より第2楽章／オデオン・オーケストラ（イギリス・オデオン　RX92）

④エドゥアルト・キュネッケ指揮『大オデオン弦楽合奏団演奏集』(CD-R)、ハイドン『交響曲第94番「驚愕」』、モーツァルト『交響曲第39番』ほか（録音：1912年、13年、TRUESOUND TRANSFERS TT-2109）

No.20
ボッセとベルグルンド

　2012年に入って、2人の音楽家の訃報が届いた。ゲルハルト・ボッセとパーヴォ・ベルグルンドである。私にとってこの2人の共通点は、生演奏に接する機会がなかったことである。だが、彼らは地味ながら実力がある存在だった。半ば悔しさも込めながら、以下の文章を彼らに捧げたい。

　ボッセは名門ライプツィヒ・ゲヴァントハウス管弦楽団のコンサートマスター、およびライプツィヒ・ゲヴァントハウス弦楽四重奏団の第1ヴァイオリン奏者として有名だった。生まれは1922年、ライプツィヒ。62年にはゲヴァントハウス・バッハ管弦楽団を立ち上げ、ソリスト兼指揮者として活動を始めた。オーケストラ奏者、室内楽奏者としてたびたび来日したが、晩年は日本に定住し、おもに指揮者として活躍していた。2012年2月に永眠。

　世界最古のオーケストラ、ライプツィヒ・ゲヴァントハウス管弦楽団はよく知られているように、渋く落ち着いた音色のオーケストラである。その響きはボッセらの弦楽四重奏団にもそのまま受け継がれているし、ボッセの指揮棒から出てくる音楽もそうした伝統の音を順守したものである。

　そのボッセが2009年に新日本フィルハーモニー交響楽団を指揮し

たブラームスの『交響曲第2番』（アルトゥス ALT-180）は、以前、どこかで書いた記憶がある。それに続くものとしては同じ新日本フィルを振ったもので（2011年）、シューベルトの『「ロザムンデ」序曲』、モーツァルトの『交響曲第39番』、ベートーヴェンの『交響曲第5番』（①）がある。『ロザムンデ』は序奏がなかなか味が濃い。主部は中庸なテンポ

ボッセ／メンデルスゾーン『スコットランド』（LP）

であり、飾らず、大言壮語せず、言いたいことを必要最小限にとどめている。モーツァルトも悪くないが、ボッセらしいのはベートーヴェンだろう。最近の演奏で、これほど芝居気がないものも珍しい。しかし、曲の核心部分だけがくっきりと浮かんでくるようであり、大変に新鮮である。

神戸市室内合奏団を振ったバッハの『ブランデンブルク協奏曲全曲』（②）がある。これも、ベートーヴェン同様、ごくごくまっとうな解釈である。けれど、素朴ながらも実に味わい深い。面白いのはボッセが1981年と83年に同じ曲を振ったものがあり（ゲヴァントハウス・バッハ管弦楽団、キングレコード／ドイツ・シャルプラッテン　KICC-3541～2）、それと比較すると、最晩年の演奏のほうが全体的にかなりテンポが速く、表情も積極的である。ボッセは80歳を超えてもなお進化を止めていなかったのである。

ボッセの新譜でおやっと思ったのはメンデルスゾーンの『序曲「美しいメルジーネの物語」』と『交響曲第3番「スコットランド」』（③）である。これは2011年6月、神戸市室内合奏団を振ったライヴなのだが、これがなんとLPだけの発売。解釈はほかの演奏同様、透明な響きを大切にしたものだが、私は特に序曲が美しいと思った。なお、このLPは180グラムの重量盤である。

ベルグルンドは1929年にフィンランド・ヘルシンキに生まれた。最初はヴァイオリニストとして活躍したが、のちに指揮者に転向し、フィンランド放送交響楽団、ボーンマス交響楽団、ヘルシンキ・フィ

ルハーモニー管弦楽団のそれぞれ音楽監督を歴任した。闘病生活のあと、2012年1月に他界。ベルグルンドは過去にも何回か来日しているが（日本フィルも振っている）、最初にふれたように、振っている姿を実際に見ることは私は一度もなかった。彼は過去に3度、シベリウスの『交響曲全集』を録音していて（ボーンマス交響楽団、EMI、1970年代／ヘルシンキ・フィル、EMI、80年代／ヨーロッパ室内管弦楽団、フィンランディア、90年代）、文字どおりシベリウスのスペシャリストとして有名である。来日した際の演目もシベリウスばかりだったと記憶する。でも、その昔、私はシベリウスの交響曲にはほとんど興味はなかったのだ（いまは違っていて、むしろ積極的に聴きたいと思っている）。

　ベルグルンドは写真でも想像がつくように、無愛想な人だった。インタビューの類いも嫌っていたと言われる。きっと、カール・ベームのようにいつも不機嫌そうに物を言い、練習でも辛辣な言葉を発していたにちがいない。2001年ごろだろうか、フィンランドの音楽関係者に会った際、私はその人に「ベルグルンドは短気だそうですね」と尋ねたら、「ええ、おっしゃるとおりです。でも、最近はだいぶ丸くなりましたがね」という答えが返ってきた。

　彼に関する私の唯一の思い出は、日本での記者会見の様子だった。ベルグルンドは左手に棒を持つ大変珍しい指揮者である。それについてある記者がベルグルンドに「なぜあなたは左手で棒を持つんですか？」と質問したら、彼はぶっきらぼうに「音楽がよければ右も左も関係ない」と返答した。

　ベルグルンドが過去3回録音したシベリウスの全集だが、どれがベストかと問われれば、私は2度目のヘルシンキ盤だと思う。では、シベリウス以外にはいいものがないのかというと、それはとんでもない間違いである。以前、私はブラームスの『交響曲全集』（オンディーヌ ODE-990-2T、3枚組み）について何度か書いた。小型ではあるが、とても緻密で上品である。けれど、世評はよくなかった。チャイコフスキーとドヴォルザークの『弦楽セレナード』（新ストックホルム室内管弦楽団、BIS CD-243）、これも辛口で透明な響きが非常に心地いい。

　それ以外のものではスメタナの『「わが祖国」全曲』（④）がある。これはドレスデン・シュターツカペレとの顔合わせだが、演奏はピカイチである。とにかく、これほどきりりと引き締まり、美しく丁寧に仕上げられた演奏はそう多くはないだろう。

ベルグルンド／スメタナ
『わが祖国』全曲

　ショスタコーヴィチには『交響曲第8番』（⑤）のすばらしい演奏がある。オーケストラはこれまたロシア・ナショナル管弦楽団という珍しい組み合わせだ。この曲にはムラヴィンスキーという破格な名演が存在するが、内容的にはそれに十分に肉薄するものだと思う。それに、SACDで聴けるのもメリットである。

　同じくショスタコーヴィチの『交響曲第5番』（⑥）も、模範的な名演である。まさに過不足がない、充実した響きは、この指揮者の職人的なワザの高さを示していると思う。もしかすると、名盤と言われているバーンスタインとニューヨーク・フィル（1959年）よりも芸術点は高いかもしれない。

　なお、手元にあるCD（TOCE-13471）は録音データの記載が欠落している。LPには記載されていたらしいが、1975年7月、ロンドンのアビー・ロード・スタジオでの収録とのこと。この場所での録音で、外国の団体（ボーンマス交響楽団）というのは珍しいのではないだろうか。

　お国物を聴きたがる気持ちは十分理解できる。だが、ベルグルンドはそうした狭い視野で見るにはあまりにも惜しい存在である。おそらく、彼が残した録音遺産は方々に保管してあるにちがいない。それらが日の目を見るにつれて、ベルグルンドの評価はさらに高く、正しく下されるものという希望をもっている。

文中でふれたボッセのCD、LP
①シューベルト『「ロザムンデ」序曲』、モーツァルト『交響曲第39番』、ベートーヴェン『交響曲第5番』／新日本フィルハーモニー交響楽団（録

音：2011年、アルトゥス　ALT-231)

②バッハ『ブランデンブルク協奏曲全曲（第1番−第6番）』／神戸室内合奏団（録音：2011年、アルトゥス　ALT-227〜8)

③メンデルスゾーン『序曲「美しいメルジーネの物語」』『交響曲第3番「スコットランド」』(LP)／神戸室内合奏団（録音：2011年、コウベレックス　KRSL-H23)

＊コウベレックス (https://koberecs.com/itemlp.html) [2021年9月2日アクセス]

ベルグルンドのCD

④スメタナ『「わが祖国」全曲』／ドレスデン・シュターツカペレ（録音：1978年、EMI〔輸入盤〕0852102)

⑤ショスタコーヴィチ『交響曲第8番』(SACDハイブリッド)／ロシア・ナショナル管弦楽団（録音：2005年、PentaTone〔輸入盤〕PTC 5186084)

⑥ショスタコーヴィチ『交響曲第5番』／ボーンマス交響楽団（録音：1975年、東芝EMI　TOCE-13471)

No.21
悲運の指揮者、レオ・ボルヒャルト

　2019年の9月、3度目のベルリン訪問を果たした。用事はいくつかあったのだが、そのなかの一つが、指揮者レオ・ボルヒャルト（Leo Borchard）のゆかりの地を訪ねることだった。

　終戦後のベルリンでは多数の市民が家族や友人、家を失い、飢えに苦しんでいた。ベルリン・フィルが受けた損害も多大なものだった。本拠地フィルハーモニーを爆撃で失い、楽団員も何人か犠牲になった。しかし、ベルリン・フィルの関係者は芸術活動の再開に意欲を燃やした。占領軍から許可を手に入れ、演奏会場、楽譜、輸送手段などを模索していた。その困難な状況にあって、中心的に動いていたのがボルヒャルトだった。彼は自転車で楽団員の安否を確認し、ベルリン・ダ

ーレム地区にあるゲマインデハウス（教会の施設）をリハーサル会場にして、いち早く活動を再開したいと願っていた。何しろベルリン・フィルのシェフであるフルトヴェングラーはもとより、ヨッフム、ベーム、クナッパーツブッシュらは活動を許可されておらず、指揮者がほとんど不在の状態だったのである。

努力のかいあって1945年5月28日、ベルリン・フィルはボルヒャルトの指揮で戦後最初の公演をおこなった。会場はベルリン・シュテグリッツにある映画館を改装したティタニア・パラストだった。だが、道筋ができあがったと思われた矢先、同年8月23日にボルヒャルトは突然他界する。

レオ・ボルヒャルトは1899年、ロシア・モスクワでドイツ人の両親の間に生まれた。1920年にベルリンに移住し、エドゥアルト・エルトマンとシェルヘンに学んだ。のちにワルターやクレンペラーのもとで指揮者見習いを経て、33年1月3日、ベルリン・フィルのデビューを飾った。そのあとはベルリンだけでなく広くヨーロッパに客演している。ベルリン・フィルでは古典から現代物まで幅広く指揮したが、フルトヴェングラーがあまり指揮をしなかった作品——例えばグリーグ、シンディング、スヴェンセン、ルーセル、シマノフスキ、コダーイなど——を積極的に取り上げている。

実は、ボルヒャルトは指揮者とは別の顔をもっていた。彼はアンドリク・クラスノフ（Andrik Krassnow）という変名を用いてレジスタンス運動に参加していたのである。のちに反ナチスを掲げるグループ「エミールおじさん（Onkel Emil）」を立ち上げ、仲間は捕らえられたり処刑されたりしたが、ボルヒャルトはその難を逃れている。この活動を通じてボルヒャルトはルース・アンドレアス・フリードリヒ（Ruth Andreas Friedrich、1901-77）という女性ジャーナリストに出会い、内縁関係になった。

ボルヒャルトの非業の死については、その場に居合わせた者の生々しい証言が残っている。それは、当時ベルリンに滞在していたアメリカ人の指揮者で外交官のジョン・ビッター（John Bitter）の自伝

かつてボルヒャルトが住んでいた家
（2019年9月、筆者撮影）

『レオ・ボルヒャルト・テ
レフンケン録音集』
（Testament）

『What Dreams May Come, A Memoir by John Bitter』（自費出版、
1999年）のなかにある。ボルヒャルトとビッターらはイギリスの外交
官ジョージ・ベル宅に夕食に招かれ、その帰宅途中に事件は起こって
いる。「ベルに辞去を伝えると、ドイツ人の運転手とボルヒャルト、
そして私を乗せたジープはボルヒャルトの自宅があるアメリカ軍管理
地区へと移動した。イギリス地区からアメリカ地区に入ったとき、あ
る兵士は手をあげて停止するように命じた。ところがドイツ人運転手
はなぜかこれを無視したのである。その兵士は拳銃を取り出し、一発
撃った。それがボルヒャルトのこめかみに命中し、彼は即死した。彼
の遺体を付近の病院に運び、私はボルヒャルトの自宅を訪れ、ボルヒ
ャルトの妻に彼の死を伝えなければならなかった」（筆者訳）。享年46
歳。ほかの記述によると、兵士はボルヒャルトではなく、タイヤを狙
って撃ったという。

　ボルヒャルト他界のわずか6日後、ルーマニア出身の若き指揮者チ
ェリビダッケ（当時33歳）がベルリン・フィルの指揮台に立った。そ
の後チェリビダッケは、フルトヴェングラーが復帰するまで、それこ
そ馬車馬のように働いたのだった。

　ベルリン訪問の際にボルヒャルトの墓参りをしようとしたが、これ
は失敗だった。ラートハウス・シュテグリッツ（Rathaus Steglitz）駅
にある墓地、これがとんでもなく広い。2時間ばかり探し回ったが、
所在不明である。翌日に会ったドイツ人の知人も「自分も一度しか行

っていない。あれを探すのは難しいね」と言っていた。しかし、ボルヒャルトと内縁の妻が暮らしていた家（Hunensteig 6, Berlin-Steglitz）は発見できた。この家は墓地と最寄り駅が同じなのだが、訪れる場所はとにかくスマートフォンを頼って比較的簡単に見つけることができたのは幸いだった。家の内部がどうなっているかはわからないが、かなり質素な感じがした。

　ボルヒャルトの現役CDは、1933年から35年にベルリン・フィルと録音した『テレフンケン・レコーディングズ』（①）しかない。曲目をみると、フルトヴェングラーがレパートリーとしていないものが多い。例えば、グリーグの『ペール・ギュント』などがそうだ。悲運という事実を知っているせいか、特に「オーセの死」や「ソルヴェイグの歌」などが、いかにも物悲しく響く。ドリーブのバレエ『コッペリア』『シルヴィア』なども当時のベルリン・フィルとしては珍しいレパートリーだろう。チャイコフスキーの『「くるみ割り人形」組曲』も、全体的にテンポはゆったりしているが、響きそのものは決して重くない。

　フランス・ターラから発売されていたCD（②）にはウェーバーの『「オベロン」序曲』、チャイコフスキーの『ロメオとジュリエット』などの放送録音が収録されているだけでなく、遺族から提供された、家族や内縁の妻などの写真が貴重である。ネット上ではまだ手に入るようなので、気になる人は早めに手を打ったほうがいい。

『世紀の指揮者　大音楽会』（③）のDVDにはボルヒャルトが指揮したJ・シュトラウスの『「こうもり」序曲』や『ワルツ』など、約17分の映像が収録されている。これを観ると、彼は背筋をピンと伸ばし、無駄な動きをせず、いかにも紳士的に棒を振っているのがわかる。気品漂う音色も、この指揮姿と一致する。

　あの日、あのとき、ボルヒャルトが死ななければ、どうなったか。おそらくチェリビダッケの出番はなかっただろう。フルトヴェングラーの後釜にだって収まっていたかもしれない。

　前述のターラのCDに収録された娘カリン（前夫との子どもで、ボルヒ

ャルトとの血縁はない）の手記に、死の当日の記述がある。「ボルヒャルトは赤痢で体重が減り、顔色も悪かった。明日会おうね、彼はそう言ったが、明日はなかった。（略）葬儀の日は忘れない。アメリカ人が柩を運び、その横をボルヒャルトの母が歩いていた」（筆者訳）

なお、ベルリンにはボルヒャルトの名前を冠した音楽学校がある。

文中でふれたCD、DVD
①『Leo Borchard Telefunken Recordings 1933-1935』（CD）、ワーグナー『ワルキューレ』第3幕ほかスッペ、ボッケリーニ、ハイドン、グリーグ、ドリーブ、チャイコフスキーの作品など（Testament　SBT1514）
②ウェーバー『「オベロン」序曲』、チャイコフスキー『ロメオとジュリエット』、グラズノフ『ステンカ・ラージン』（CD、録音：1945年録音、ターラ　TAH520〔廃盤〕）
③『世紀の指揮者 大音楽会』（DVD）／ボルヒャルト、フルトヴェングラー、ワルター、トスカニーニほか（ドリームライフ　DLVC8092〔廃盤〕）

No.22
カレル・アンチェルの著作から

　2018年の暮れに、高橋綾『カレル・アンチェル──悲運に生きたマエストロ』（アルファベータブックス）が発刊された。日本語で読めるアンチェルの評伝はこれがまったくの初めてである。とてもありがたかったのと同時に、意外な事実も多数記されていて、まことに興味深かった。

　アンチェルはユダヤ人であり、アウシュヴィッツで妻と子どもを失ったことは周知の事実だが、その後、彼が同じくアウシュヴィッツで夫を失った女性と出会って再婚したことは本書で初めて知った。そのほか、アンチェルはキャリアの初期にはジャズ・オーケストラを指揮し、当時の現代音楽であるプロコフィエフ、ストラヴィンスキー、ヒ

ンデミット、ミヨー、オネゲルを積極的に取り上げるのと同時に、同郷の作曲家ハーバ、ハース、スークらの作品も頻繁に指揮した。その当時は、あまりにも時代の先を行きすぎると非難されたというのもこの評伝で初めて知ることができた（巻末のディスコグラフィーもとても有益）。

高橋綾『カレル・アンチェル——悲運に生きたマエストロ』アルファベータブックス、2018年

しかしながら、私が最も驚き、かつ、なるほどと納得したのは、アンチェルが1950年にチェコ・フィルの音楽監督に就任した際の話である。アンチェルは楽団員を入れ替えただけではなく、パート練習を強化するなど、相当に厳しい方法でオーケストラを立て直したのである。同書から引用してみよう。

> アンサンブルに磨きをかけるために、それまであまりおこなわれていなかったパート練習を徹底的に強化した。楽器ごとにリーダーを決め、リハーサル前にグループテストをおこなうのは序の口で、技術的に困難な部分は全員にテストを課した。（同書85ページ）

> 毎日の練習は12時間にも及んだ。朝から昼にかけてリハーサル、夜は演奏会か録音というペースだった。（同書87ページ）

アンチェルのCDを聴いていて驚くのは、とにかくアンサンブルがすばらしく整っていることである。しかも、響きはとても清潔感が強く、透明度も非常に高い。この音の抜けのよさは、チェコのレコード会社スプラフォンの録り方も大きく貢献しているとは思っていたが、やはりもとの音が根本的に違っていたわけである。それに、音が濁っているオーケストラの音の純度を、収録の過程で上げることは不可能である。ローマは一日にしてならず、ではないが、あの音はこうした

日々の努力のたまものだったわけである。

　評伝によると、アンチェルは客演のオーケストラに対しても、曲によっては通常よりも多めのリハーサルを要求したらしい。しかし、そのなかでニューヨーク・フィルからは2回目のリハーサルを拒否されたという。意識だけ一流というオーケストラは、実は最も困る団体なのである。

　このアンチェルの厳しいリハーサルと高い要求は、ある指揮者と結び付いた。それは、旧ソ連の巨匠ムラヴィンスキーである。ムラヴィンスキーの練習の厳しさについては、残っているリハーサルの記録（CD、DVDなど）からうかがい知ることができる。十八番と呼ばれた作品でさえも最低1週間、慣れていない作品や初演などでは2週間、20日間などは当たり前だった。そのムラヴィンスキーは1946年と57年にチェコ・フィルに客演しているが、これはムラヴィンスキーがソ連国外のオーケストラを指揮した、本当に数少ない例である。46年はアンチェルが音楽監督になる以前だが、57年はすでにアンチェルの時代である。ムラヴィンスキーの要求もすんなりと受け入れられたのだろうが、これに関して指揮者同士、あるいは関係者間でなんらかのやりとりはあったとは思うが、関連の文献は発見できなかった。

　なお、ムラヴィンスキーがチェコ・フィルを指揮した演奏は3種類あって、ハチャトゥリアンの『ピアノ協奏曲』（独奏：オボーリン、1946年）は現在入手可能（Profil PH18045、10枚組み）だが、チャイコフスキーの『交響曲第4番』（1957年、アンダンテ）、ショスタコーヴィチの『ヴァイオリン協奏曲第1番』（独奏：ダヴィッド・オイストラフ、1957年、プラガ）はちょっと入手が難しい（見かけるときは価格が高い）。

　ちょうど、タワーレコードによるアンチェル生誕110年企画、スプラフォン原盤のSACDハイブリッド・シリーズの最新盤が届いた。例えば、ストラヴィンスキーの『バレエ「春の祭典」』（①）、こんなに見通しがよく、みずみずしい音の演奏は、非常に珍しい。仮に『春の祭典』に対して、響きが軽いと不満をもらすならば、同じSACDに含まれている『バレエ「ペトルーシュカ」』は文句なしの名演だろう。

録音史上屈指の名演と言っても過言ではない。

バルトークの『管弦楽のための協奏曲』（②）、この曲の名盤はライナー、ショルティなどの指揮者があげられるが、アンチェルの精度は先にあげた2人の指揮者とまったく互角である。それどころか、アンチェルの演奏には彼らにはない、詩的な美しさが感じられる。

プログラム：アンチェル指揮、プラハ・フィル、1956年6月11日、ウィーン・モーツァルト週間

『管弦楽名曲集』（③）の2枚のディスクには、とびきりの演奏がぎっしり詰まっている。例えば、チャイコフスキーの『イタリア奇想曲』、特に前半部分の気品あふれる響きは、本当にすばらしい。リムスキー＝コルサコフの『スペイン奇想曲』も、シャキッと冴えた音がしているし、リストの『交響詩「前奏曲」』も、ものすごく格調高く響いている。ワーグナーの『歌劇「ローエングリン」第1幕前奏曲』、冒頭部分は弦のパートが複数に分かれるのだが、びっくりするくらいきれいな音が出ている。

スメタナの『歌劇「売られた花嫁」序曲』、これにはセルのような精緻な名演があるが、アンチェルもその点では互角だ。けれども、精密さが表立ってこない、奥ゆかしさみたいなものがアンチェルの音楽の根底にはあると思う。

アルトゥスから、アンチェルが1968年にチェコ・フィルを振ったスメタナの『交響詩「わが祖国」』全曲（④）が復活したが、そのディスクには69年のトロント交響楽団とのリハーサルが含まれている。『わが祖国』からの「モルダウ」でアンチェルは、「一つの楽器のように」「スフォルツァンドを忘れないように」「リズムを正確に」など、ごく基本的なことを粘り強く、紳士的に指示を与えている。

1969年、チェコ事件が勃発したため故国への帰国を断念し、カナ

ダに亡命したアンチェル。妻と2人の子どもとは一緒に暮らすことができたものの、かつて収容所で前妻とその子どもを失った反動が出てしまった。大切にしすぎた2人の息子は手に負えない野放図な大人に成長し、2人ともに若くして亡くなっている。

　アンチェルは評伝の副題のとおり「悲運」の生涯をたどった。しかし、アンチェルの棒から生み出される音楽は、暗い影などまったく感じさせない、一点の曇りもないものだった。これは実に、驚異的なことである。

文中でふれたアンチェルのCD
①ストラヴィンスキー『バレエ「春の祭典」』『バレエ「ペトルーシュカ」』（録音：1962年、63年、タワーレコード／スプラフォン　TWSA-1055)
②バルトーク『管弦楽のための協奏曲』、ムソルグスキー『交響詩「禿げ山の一夜」』ほか（録音：1962-68年、タワーレコード／スプラフォン　TWSA-1058)
③『管弦楽名曲集』、グリンカ『歌劇「ルスランとリュドミラ」序曲』、リムスキー＝コルサコフ『スペイン奇想曲』、チャイコフスキー『イタリア奇想曲』＋『「1812年」序曲』、モーツァルト『歌劇「魔笛」序曲』、リスト『交響詩「前奏曲」』ほか（録音：1958-65年、タワーレコード／スプラフォン　TWSA-1056〜7)
④スメタナ『交響詩「わが祖国」』全曲とリハーサル（録音：1968年、69年、アルトゥス／ターラ　TALT-059〜60)
＊以上、アンチェル指揮、チェコ・フィルハーモニー管弦楽団（リハーサルだけトロント交響楽団)

No.23
ムラヴィンスキーのチャイコフスキー
『後期3大交響曲集』を再検証する

　1960年9月初旬から約2カ月、レニングラード・フィルはシェフの

ムラヴィンスキーほか、指揮を分担するロジェストヴェンスキー、ソリストとしてチェロのロストロポーヴィチを伴い、ヨーロッパの主要都市を回った。このツアーの途中、ムラヴィンスキーの指揮で9月にロンドンでチャイコフスキーの『交響曲第4番』が、11月にウィーンで同じく『交響曲第5番』『交響曲第6番「悲愴」』がそれぞれドイツ・グラモ

ムラヴィンスキー／チャイコフスキー『後期3大交響曲集』（DG）

フォン（以下、DGと略記）によって録音された。ステレオで収録されたこれら3曲の新盤は発売後直ちに高い評価を獲得し、いまもなお『チャイコフスキー後期3大交響曲』（①）の決定的名演として不動の地位にある。

　しかし、この録音には一つだけ異例の事態がある。それはいつものオーケストラの配置ではないことである。戦前は舞台を見て左から第1ヴァイオリン、コントラバス、チェロ、ヴィオラ、第2ヴァイオリンという弦楽器の配置が一般的だった。けれども、特に第2ヴァイオリンの背中がお客さんの方向ではいい響きを得ることができないとされ、左から高音域順に第1ヴァイオリン、第2ヴァイオリン、ヴィオラ、チェロ、コントラバスという配置、これが戦後の世界中のスタンダードになった。この旧式の配置は最近では逆に復活しはじめているが、1960年代ごろはもはや死滅した配置だった。ムラヴィンスキーはこの旧式を順守していたが、このDGによるステレオ録音ではなぜか、世界基準に近い配置で収録されている。

　これについては、技術者側からの提案だろうとは言われてきたが、その事実関係を知りたくて私はあちこち調べていたのである。最も明確な答えを与えてくれたのは、アメリカ人研究家のマイケル・グレイだった。彼によると、この配置はプロデューサーのカールハインツ・シュナイダーの指示によるものらしい。いつもと違った配置でやらされるのは指揮者にとって苦痛だったはずだ。外貨獲得という、いわば国家の命令には逆らえなかったのかもしれないが、鬼のようにリハー

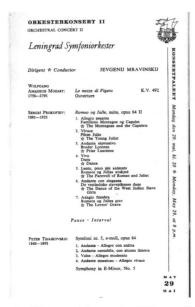

ORKESTERKONSERT II
ORCHESTRAL CONCERT II

Leningrad Symfoniorkester

Dirigent ☆ Conductor   JEVGENIJ MRAVINSKIJ

WOLFGANG
AMADEUS MOZART   *Le nozze di Figaro*   K.V. 492
1756–1791   Ouverture

SERGEJ PROKOFIEV   *Romeo og Julie, suite, opus 64 II*
1891–1953   1. Allegro pesante
   Familiene Montague og Capulet
   ☆ The Montagues and the Capulets
   2. Vivace
   Piken Julie
   ☆ The Young Juliet
   3. Andante espressivo
   Broder Lorenzo
   ☆ Friar Laurence
   4. Vivo
   Dans
   ☆ Dance
   5. Lento, poco più animato
   Romeos og Julies avskjed
   ☆ The Farewell of Romeo and Juliet
   6. Andante con eleganza
   De vestindiske slavepikenes dans
   ☆ The Dance of the West Indian Slave
   Girls
   7. Adagio funebre
   Romeos og Julies grav
   ☆ The Lovers' Grave

Pause · Interval

PETER TSJAIKOVSKIJ   Symfoni nr. 5, e-moll, opus 64
1840–1893   1. Andante – Allegro con anima
   2. Andante cantabile, con alcuna licenza
   3. Valse – Allegro moderato
   4. Andante maestoso – Allegro vivace

   Symphony in E-Minor, No. 5

KONSERTPALEET Mandag den 29. mai. kl. 20° ☆ Monday, May 29, at 8 p.m.

MAY
29
MAI

プログラム：ムラヴィンスキー指揮レニング
ラード・フィル、1961年5月29日、ベルゲン

サルをする指揮者がそう簡単に首を縦に振ったとは思えない。

これについての新たな見解が期待されたのは、2004年にロシアで出版されたムラヴィンスキーの日記（ムラヴィンスキー夫人監修）である。これはロシア語で書かれているので、日本でムラヴィンスキーの通訳を務めていた河島みどりにお願いして、この一連の録音についての記述がないか調べてもらった。けれども、そもそもこの日記には1960年の記述は一切ないそうだ。

この録音の翌1961年10月、ムラヴィンスキー指揮でショスタコーヴィチの『交響曲第12番』が初演された。その直後、この新作は旧ソ連国営のレコード会社メロディアによって収録されたのだが、これがムラヴィンスキーの最後のスタジオ（セッション）録音になる。これ以降、ムラヴィンスキーの録音は基本的にライヴに限定される。私はDGのステレオ録音がムラヴィンスキーには一種のトラウマのようになったのではと推測する。つまり、録音をライヴ＝演奏会という場に限定してしまえば、配置を変えろとか、途中で待ったをかけられることもない。つまり、音楽に完全に没頭できるからである。

1960年ごろ、この時期はムラヴィンスキーにとって、最も気力が充実していたようだ。前掲のグレゴール・タシー『ムラヴィンスキー』によると、50年代後半、ムラヴィンスキーは放送関係の会社に勤務するインナという女性を「気が狂ったように愛した」。しばらくは前妻との関係でもめるが、60年には問題はすべて解決し、「最も満

ち足りた」数年間を送った。翌61年には、指揮者で初めてレーニン賞も受賞している。

だが、この幸せは長く続かなかった。1962年、インナは多発性骨髄腫（骨のがん）になり、翌年他界。ムラヴィンスキーはショックのあまり拳銃で自殺を図ろうとするが、それを止めたのがインナの親友であり、ムラヴィンスキーと一緒にインナを看病し続けたアレクサンドラ——レニングラード・フィルの首席フルート奏者であり、のちにムラヴィンスキーの最後の妻になる女性——だった。

話をDGの『後期3大交響曲集』に戻すと、このセッションは確かに指揮者にとってはある種の苦痛だったかもしれない。しかし、できあがった演奏からは、そうした気まずい雰囲気は髪の毛一本ほども感じられない。聴けば聴くほど、その高貴で力強く、変幻自在な表現に圧倒されるだけである。特に『第5番』はすでに10種類以上の録音が市場に出ているが、全体的な音の柔らかさ、みずみずしさ、響きのバランスのよさはセッション録音の絶大なメリットであり、総合点でこの60年盤の優位は揺るがない。『第6番「悲愴」』も数種類録音が残っているが、60年盤に比肩するものはないし、『第4番』に至ってはこの60年盤が唯一のステレオ録音である（この『第4番』をコピーして別演奏として発売した例もあるので注意）。

2005年、『ムラヴィンスキー／リハーサル＆コンサート』（②）と題された9枚組みのセットが発売された。これにはチャイコフスキーの『交響曲第5番』のリハーサルが含まれているが、プロの集団にここまでやらせるかというほど細かい。彼はこのような気の遠くなりそうなリハーサルを半世紀近くもおこなってきたのである。その最善の成果の一つが、DGの『後期3大交響曲集』だったのである。

それに比べると最近の録音はどうだろうか。演奏会をこなしていれば、いつのまにかディスクができあがる。細部は演奏者に任せ、ミスやバランスの調整はコンピューターで編集してしまう。こうした録音は半世紀どころか5年もたてば忘れ去られてしまうだろう。私は久しぶりにこの『後期3大交響曲集』を聴き、ムラヴィンスキーのとてつ

もなく高い目標にあらためて驚くとともに、セッション録音の重要性というものも再認識した次第である。

　付け加えておくと、チャイコフスキーの『交響曲第4番』のセッション録音後の9月23日の公演をBBC放送がステレオ収録していた。曲目はモーツァルトの『交響曲第33番』とショスタコーヴィチの『交響曲第8番』（③）で、特に後者が身震いするほどすさまじい。

　なお、DGにはモノラル時代に録音された同じく『後期3大交響曲集』があるが、これはなぜか『交響曲第4番』だけクルト・ザンデルリンクの指揮である。こうなった理由はそれほど複雑ではなさそうだ。1956年5月から6月にかけてレニングラード・フィルはムラヴィンスキーとザンデルリンクを伴ってベルリン、ハンブルク、ミュンヘン、ジュネーヴ、ウィーンなどに演奏旅行をおこなった。ムラヴィンスキーの演目にはチャイコフスキーの『交響曲第5番』と『交響曲第6番「悲愴」』はあがっているが、『交響曲第4番』はおそらくザンデルリンクが振ったのだろう。その成り行きで『第4番』はザンデルリンクの指揮、残り2曲はムラヴィンスキーの指揮で録音したと思われる（3曲とも1956年6月、ウィーンのコンツェルトハウスでの収録。日付や収録順序は不明）。

　もう一つついでに、ステレオによる3大交響曲のオリジナルLP（緑色のジャケット）について付け加えておく。これらのLPは、いまなお中古市場では高額の部類に入る。単にオリジナルを手に入れたいというのならば、買い求めても悪くない。万が一、後日手放すことがあっても、それなりの値段で売れるだろう（ただし、ある程度以上の保存状態であることが望ましいが）。そうではなく、なるべくいい音で聴きたいと考えている人がいれば、初期LPの周波数特性（イコライザー・カーブ）を知っておくべきだと思う。つまり、このムラヴィンスキーの三大交響曲のオリジナル盤は現在のRIAAではなく、デッカのffrrを採用しているからだ。つまり、普通の装置で再生すると、高域が眠く、逆に低域は出すぎるほど出る。ピントが合っていないファインダーをのぞくような、実に居心地が悪い音なのである（言うまでもなく、ムラ

ヴィンスキー指揮のモノラルによる2曲のLP『第5番』『第6番「悲愴」』も
RIAAではない)。

　ムラヴィンスキーのDG盤ではないが、例えばイギリス・コロンビ
アの初期LPのSAX番号、最初期の「ブルー・シルヴァー」と言われ
るものがある。後期のプレス盤はレーベル面が赤色になるのでこのよ
うに呼ばれていて、同じSAX番号でも赤色よりもブルー・シルヴァ
ーのほうがずっと値段が高い。私は以前、このブルー・シルヴァーで
クレンペラーのベートーヴェン『交響曲第3番「英雄」』(SAX2364)
と『交響曲第9番「合唱」』(SAX2276/7)を持っていたことがある。
これは、再生してみると、なんとなく据わりの悪い音がする。針先と
溝がぴったりと合っていないような感じであり、周波数特性もRIAA
ではないような気もする。知人にこの『第9』を貸してあげたが、彼
も同じようなことを言っていて、特に第4楽章が変だと言っていた。

　いま、針先の話をしたが、同様の例は、例えばメロディアの初期盤
(モノラル)なども、普通の針ではまったく合わない。合わないとは言
っても、音が出ないわけではなく、なんとなく落ち着かない音になる。
また、信頼しているLPコレクターは、ディスコフィル・フランセ盤
なども、針先の選び方が難しいと言っていた。

　そのほか、旧著『クラシック・マニア道入門』(青弓社、2011年)で
も書いたことだが、初期盤の特にモノラル盤はその多くがRIAAでは
ないので、普通に鳴らせばなんとなく妙な音になってしまう。再発売
されるとRIAAでカッティングするので、その点ではストレスなく聴
くことができるが、再発売のときの問題点は、だいたい詰め込んだカ
ッティングになることだ。初期のLPはなかなか一筋縄ではいかない
ものである。

文中でふれたムラヴィンスキーのCD
①チャイコフスキー『後期3大交響曲集』(CD、SACDなど、多数発売)
『第4番』『第5番』『第6番「悲愴」』(ドイツ・グラモフォン)
②『ムラヴィンスキー&レニングラード・フィル／リハーサル&コンサ

ート第2集（ロシア音楽編）』（9枚組み）、チャイコフスキー『交響曲第5番』、ショスタコーヴィチ『交響曲第5番』、グリンカ『歌劇「ルスランとリュドミラ」序曲』ほか（録音：1973年、82年、アルトゥス　ALT-127）
③ショスタコーヴィチ『交響曲第8番』、モーツァルト『交響曲第33番』
（録音：1960年、BBCレジェンズ　BBCL-4002-2〔輸入盤、廃盤〕）
＊以上、すべてムラヴィンスキー指揮、レニングラード・フィルハーモニー管弦楽団

No.24
フルトヴェングラー・ドイツ帝国放送局 1939-1945

『ベルリン・フィルハーモニー管弦楽団　ヴィルヘルム・フルトヴェングラー　ドイツ帝国放送局1939-1945』という22枚組みのSACDハイブリッド盤を手にして、これは大変な仕事だと思った。
　フルトヴェングラーの戦時中の録音と言えば、メロディア／ユニコーンの話が有名である。第二次世界大戦後、ベルリンを占拠していた旧ソ連軍が放送局に保管してあったテープを戦利品として持ち帰り、その後、そのテープからソ連国営のメロディアがフルトヴェングラーのライヴ録音を多数LP化した。1966年、この事実が西側諸国に知れ渡り、衝撃を与える。その後、これらの音源を世界中に発売するためにイギリスでユニコーン・レーベルが設立され、以後、フルトヴェングラーの戦時中のライヴ録音は広く認識されるようになった。ただし、旧ソ連からの原盤供給は不可能だったので、ユニコーンはメロディアのLPから音を採って復刻していたのだが、当時はこの方法については伏せられていた。
　やや時間が経過した1987年10月、デジタル・コピーの形でフルトヴェングラーの大半の音源がソ連からベルリンに返還され、これらの音源をもとにドイツ・グラモフォンはCD10枚を制作。さらに、90年

12月、1,462本のオリジナル・テープがベルリンに返還され、その昔に持ち去られたテープの話は一応の決着がついた。

ベルリン・フィル・レコーディングズでは2017年以来、返還されたテープを中心に、フルトヴェングラーとベルリン・フィルの戦前・戦中の録音の集大

『フルトヴェングラー ドイツ帝国放送局 1939-1945』

成をおこなった。復刻の素材は返還されたテープ（一部アセテート盤を使用）を中心に、コピーテープなど各所に保管してあるものをすべて検証し、作業を進めた。保存状態によって、オリジナルよりもコピーテープのほうが音がいいということは日常的によくあるからだ。解説書では、楽章単位でどのテープを使用したのか、きちんと記してある。

初登場の音源はラヴェルの『ダフニスとクロエ』の第1部（部分）（1944年3月）とシューベルトの『交響曲第7番「未完成」』の第2楽章（1944年12月）だけだが、年代順に網羅されていて、録音が残っていない演目にもあえて「録音なし」と記してあり、その日の全プログラムが見渡せるように配慮されている。最終的な音質だが、さほど変わったと感じさせないものから、ずいぶんとしっかりした印象になったものまでばらつきはあるものの、全体的にはオーケストラの厚みがある響きと、爆撃で焼失した旧フィルハーモニー（一部ほかの会場もある）の音響のすばらしさが、いっそう実感できる。会場のノイズは苦心して除去ないしは抑えてあるのだが、肝心の音楽をそぐといった過ちは犯していないように思う。

よく知られている演奏ばかりなので個々にふれる必要はないが、それにしても破格に荒れ狂った演奏だというのを再認識した。特にベートーヴェンの『交響曲第4番』（聴衆ありのほう）、『交響曲第7番』『交響曲第9番「合唱」』『「コリオラン」序曲』、シューベルトの『ザ・グレイト』、ブラームスの『交響曲第4番』あたりは凄絶極まりない。

SFB制作のカタログ

戦火が激しくなり、空襲警報で演奏が中断することもあったような時期である。会場に足を運んだ人は、きっと祈るような気持ちで演奏を聴いていたにちがいない。そうした特別な空気も演奏そのものに影響を与えたことは間違いないだろうが、もうおそらくは二度とは再現できない、かけがえのない瞬間だったのだろう。

今回、意外に聴き入ってしまったのはR・シュトラウスの『4つの歌曲』だった。ペーター・アンダースの美声もすばらしいが、むせかえるような熟したオーケストラの響きがすごいと思った。なお、ハインツ・シューベルトの『賛歌的協奏曲』は、焼失した旧フィルハーモニーのオルガンが聴ける唯一の録音であることを付記しておく。

解説書がこれまた労作であり、このためだけにこのセットを購入してもいいと言いたい。珍しい写真やプログラム（特に戦時中のものは希少）、手紙ほか、録音技師だったフリードリヒ・シュナップのインタビューも含まれている。日本語版には訳が付いているのがなんと言ってもありがたい。テープの返還に至る経緯が記してあるのは言うまでもないが、フルトヴェングラーがどれほど放送録音に神経質だったか、また、気まぐれな性格で、ナチスの連中でさえも手を焼いたと記されている。しかしながら一方でフルトヴェングラーは技術的な進歩にも決して無関心ではなく、ときには進んで提案することもあったと、さまざまな資料からうかがうことができる。また、戦時中に実験的なステレオ録音が250もおこなわれていたというのも初めて知った（現物はほとんど残っていない）。また、当時最新鋭の録音方式マグネトフォンに関して、これほどの詳しい解説は過去になかったように思う。

特典のDVD、これも貴重だ。内容は、ベルリン・フィルの団員たちがフルトヴェングラーの演奏について語っているのだが、フルトヴェングラーの特色や、ベルリン・フィルの響きの秘密などがわかる。

大半の団員はフルトヴェングラーが他界したあとに入団しているが、一人だけ戦前（！）から団員だった元コントラバス奏者が証言している。フルトヴェングラーを直接知る団員はいなくなったと思われていたのだが、その数少ない生き残りの言葉が聞けたのは驚きである。彼のコメントはそれほど長くは収録されていないが、長さなど問題ではない。生き字引の言葉は、ほかに代えられない貴重なものなのだ（特典DVDは初回出荷分だけ）。

　返還されたテープは、SFB（Sender Freies Berlin：自由ベルリン放送、現在のrbb＝ベルリン・ブランデンブルク放送）が1992年にカタログ『MUSIKSCHÄTZE DER REICHS-RUNDFUNK-GESELLSCHAFT』（非売品）としてまとめた。それをみると、フルトヴェングラー以外ではクナッパーツブッシュ、ベーム、アーベントロート、クラウス、ヨッフムなどの指揮者が掲載されている。オーケストラもベルリン・フィルだけではなく、ウィーン・フィル、ライプツィヒ・ゲヴァントハウス、ドレスデン・フィルハーモニー管弦楽団など。量的に多いのは室内楽曲、器楽曲、歌曲である。ちょっと気になったのは、指揮者不詳だが、ブラームスの『セレナード第1番』、これが「音がいい "ステレオ録音"」と記されている。そのように書いてあると、聴いてみたくなる。ステレオと記されたものはほかにも何曲か見受けられるが、これらの返還テープの傑作集CDのようなものを、近い将来どこかのレーベルが実現してくれないかと思っている。

文中でふれたCD
　『ベルリン・フィルハーモニー管弦楽団　ヴィルヘルム・フルトヴェングラー　ドイツ帝国放送局1939-1945』（SACDハイブリッド22枚組み）
　おもな曲目＝モーツァルト『交響曲第39番』（2種）、ベートーヴェン『交響曲第4番』『第5番』『第6番「田園」』『第7番』『第9番』『「コリオラン」序曲』、ブラームス『交響曲第4番』『ハイドンの主題による変奏曲』『ピアノ協奏曲第2番』（2種）、ブルックナー『交響曲第5番』『第6番』（第1楽章欠落）、『第9番』、シューベルト『未完成』『ザ・グレイト』、H・シュー

ベルト『賛歌的協奏曲』、R・シュトラウス『4つの歌曲』、『家庭交響曲』ほか／すべてフルトヴェングラー指揮、ベルリン・フィルハーモニー管弦楽団（キングインターナショナル　KKC5952）

追悼、スクロヴァチェフスキを中心に

　ある日、新宿のCDショップに寄ったら、「追悼」として2人の指揮者、スタニスラフ・スクロヴァチェフスキ（2017年2月21日逝去）とジョルジュ・プレートル（2017年1月4日逝去）のCDが目立ってディスプレーされていた。プレートルは個人的には特に接点がなかった。だが、スクロヴァチェフスキはここ数年聴いていたので、思い入れは強い。

　この光景を見ていると、なぜか同様の人を思い出してしまう。直接関わりがあった人は、なおさらである。例えば、日本を代表するピアニスト中村紘子（2016年7月29日逝去）。私は取材で中村宅に2度おじゃましている。最初は、CDが発売されて日が浅い1984年ごろの訪問で、「わが家ではCDよりも33回転（LP）のほうがいい音で鳴るの」と言っていたのを覚えている。取材中、中村が「あ、飛行船！」と声を上げたが、それが間近に見えるくらいの高層マンションだった。2度目はいつだったかは、はっきりしない。ただ、そのとき中村が、発売されたばかりの彼女自身のCDについて「ちっとも気に入ってないから、廃盤にしてほしいの」と愚痴り、同席していた制作担当者が引きつっていたのを覚えている。私は彼女の熱心な聴き手ではなく、むしろ『アルゼンチンまでもぐりたい』（文藝春秋、1994年）、『ピアニストという蛮族がいる』（文藝春秋、1992年）、『チャイコフスキー・コンクール──ピアニストが聴く現代』（中央公論社、1988年）などの著作を気に入っていた。

　オーストリアのチェリスト、ハインリヒ・シフ（2016年12月23日逝去）、わずか65歳の生涯だったとは。理由は覚えていないが、なぜか

私がシフにインタビューしたことがある。そのとき、彼がこう嘆いていた。「どのエージェントと契約すればリハーサルが最も少なく、契約金も安いか、それが横行しているんです」。いまは、そのツケが回ってきたのだろう。シフには、ベートーヴェンの『チェロとピアノのための作品全集』（旧フィリップスPHCP11190～1）というすばらしいCDがあったが、現在は廃盤のようだ。

中村紘子『ピアニストという蛮族がいる』文藝春秋、1992年

　さて、スクロヴァチェフスキだが、彼は2016年1月21日と23日、92歳でブルックナーの『交響曲第8番』を振った。オーケストラは読売日本交響楽団。私は21日を選んだ。なぜなら、この年齢のため、23日はなくなる可能性もあったからだ。会場（東京芸術劇場）はスクロヴァチェフスキが聴ける最後の機会になるかもしれないということもあって、開演前は一種異様な雰囲気に包まれていた。当日は『交響曲第8番』だけのプログラムで、休憩がない旨の張り紙もあった。ホール内に入ると、指揮者用の椅子がないのに驚いた。やがて本番、少し足を引きずりぎみではあったが、介添えもなく単独で登場し、自力で指揮台に上がった。そして、この老大家は約90分、立ったままで指揮をしたのである。終わってからも、何回かのカーテンコールに応えていたが、安堵と達成感に満ちあふれた雰囲気は、とてもすばらしいものだった。

　2017年の春も、スクロヴァチェフスキを聴けるはずだった。しかしそれは実現せず、前記のブルックナーの『第8番』が日本での最後の公演になった。私が行った初日の演奏は後日CD化（①）されたが、これは私だけではなく、当日会場に足を運んだ人すべてにとって、かけがえのない記録である。

　1923年生まれで、40年代から本格的に指揮活動を始めたスクロヴァチェフスキのレコード録音は、ステレオ初期のマーキュリーに始ま

スクロヴァチェフスキ／ブ
ルックナー『交響曲第8番』

り、ヴォックス、MCAなどがおもなものだ
った。日本にもたびたび訪れていたが、彼の
一般的な認識は、「職人的にきちっとまとめ
るけれど、あまり深みはない」というものだ
った。しかし、2000年ごろから、その持ち
前のコントロール能力に、徐々に巨匠らしい
味わいが出てきたのである。

　そうなった要因の一つには、読売日本響の
献身的な演奏があったと思う。例えば、スクロヴァチェフスキが
2014年3月にロンドンでロンドン・フィルハーモニー管弦楽団を振っ
た、ブルックナーの『交響曲第3番』（LPO　LPO-008）がある。これ
を聴くと、確かにオーケストラの能力自体は読売日本響よりも上かも
しれないが、解釈の徹底度はなんとなく劣っているように思う。その
点、読売日本響のほうが、かゆいところまで手の届くような気概が感
じられるのだ。「日本人は外国人の年寄りが好きなんだよ」と皮肉っ
ぽく言う人もあるが、仮にそうだとしても、結果がよければそれでい
いと思う。

　ブルックナー以外のベートーヴェンとブラームスについても記して
おきたい。読売日本響とのベートーヴェンは『交響曲第2番』『交響
曲第3番「英雄」』『交響曲第4番』『交響曲第5番』『交響曲第7番』が
あるが、このなかで最も彼らしいのは『第3番「英雄」』（②）だろう。
この曲はいままでに何回聴いたかわからない。それに、自分だって過
去に何回も弾いたことがある作品である。でも、あらためて「こんな
ふうに書かれていたのか」と驚くほど、あちこちのパートの動きがく
っきりと浮かび上がってくる。いちばんドキッとしたのは第2楽章第
206小節のホルンの16分音符（13分38秒付近）で、聴いた瞬間は指揮者
の加筆かと思ったが、実際はまったくのスコアどおりだった。確かに、
この3つの音は、前後に書かれていないちょっと不思議な音型とも言
える。

　『英雄』と同じディスクに入っている『第4番』、その第3楽章と第4

楽章も、スクロヴァチェフスキの個性が濃厚。第3楽章の小気味よさ、第4楽章の浮遊感とスピードは、ちょっと類例がない。

　ブラームスの交響曲では『第3番』（③）をまずあげよう。すっきりと見通しがいい響きはほかの曲と変わりはないが、特に中間の第2楽章と第3楽章のデリケートな表情は、スクロヴァチェフスキの円熟を示すものだろう。『第4番』（④）は、第1楽章と第4楽章に、いかにも老大家といった、しみじみとした味わいがある。ところが、第3楽章は若いバレリーナのジャンプが高い踊りのように、一気に明るく若返ったような風情で、その対照的な表情が興味深い。

　スクロヴァチェフスキは、特にベートーヴェンは速めのテンポだが、ベートーヴェンが書き込んだ猛烈に速いメトロノームに関しては「ナンセンス」と言っている。さらに、彼は「テンポというものはメトロノームのような数字に縛られるものではない」とも主張している。以下、彼のテンポに関しての発言である。

　　ドビュッシーはメトロノームのテンポをバラにたとえた。朝、霧が少し出ていて花びらには露がある。ところが、時間がたつと露はなくなり、バラは新鮮でなくなる。音楽も同じようなものです。朝、バラにメトロノームの数字を書き込んでも、天気が変わればバラも変わるんです！（『CONDUCTORS IN CONVERSATION』 Interviews with Jeannie Wagner, G.K.&HallCo.から。筆者訳）

文中でふれたスクロヴァチェフスキのCD
①ブルックナー『交響曲第8番』（日本コロムビア／デンオン　COGQ92〜93）
②ベートーヴェン『交響曲第3番「英雄」』『交響曲第4番』『交響曲第5番「運命」』（日本コロムビア／デンオン　COGQ90〜91）
③ブラームス『交響曲第3番』ほか（日本コロムビア／デンオン　COGQ39）
④ブラームス『交響曲第4番』ほか（日本コロムビア／デンオン

COGQ56)
*以上、すべて読売日本交響楽団（録音：2008-16年）、SACDハイブリッド

ジョン・ハントのディスコグラフィー

　長電話は無駄なものだと認識している。しかし、先日、とある人物とダラダラしゃべっていたら、思わぬ情報を耳にしてしまった。イギリス・フルトヴェングラー協会の主宰者ジョン・ハント（John Hunt）はこれまでに膨大な量のディスコグラフィーを発刊しているが、電話の相手によると、日本の「Amazon」（https://www.amazon.co.jp/）でしか扱っていないものが数冊あるという。ディスコグラフィーは原稿を書くうえで重要な文献の一つであり、特にジョン・ハントのものはすべてそろえていたと信じ込んでいた。しかし、調べてみると、確かに持っていないものをいくつか発見した。

　見つけたら、即注文。日本の「Amazon」とはいえ、送り主は海外である。3カ所からまちまちに届くことになっていたが、2週間程度で注文したものはすべて届いた。

　今回買ったものは『Philharmonic Autocrat』（カラヤン・ディスコグラフィー第4版）、『wiener staatsoper』（ウィーン国立歌劇場の演目とディスコグラフィー、1937-2010年）、『Austro-Hungarian Pianists』（クラウス、グルダ、ヘブラーのディスコグラフィー）、『A Critical Discography of the Piano Music of Franz Schubert』（シューベルトのピアノ曲のディスコグラフィー）である。

　ふと気になって調べてみると、手元にあるハントのディスコグラフィーで最も古いのは1985年のものだった。それ以前にどの程度あったのかは不明だが、棚にあるものを数えたら60冊あった。ということは、3年で少なくとも2冊以上出し続けてきた計算になる。

『Philharmonic Autocrat』

フルトヴェングラー夫人
（左）とジョン・ハント（右）
（1986年、『Furtwängler and
Great Britain』より）

　ちなみに、過去にどのようなものが出ていたかざっとあげてみよう。
まず、指揮者物では『The Furtwängler Sound』（フルトヴェングラー、
最新は第7版）、『Musical knights』（ウッド、ビーチャム、ボールト、バルビ
ローリ、グッドール、サージェント）、『More 20th Century Conductors』
（ヨッフム、フリッチャイ、シューリヒト、ワインガルトナー、クリップス、
クレンペラー、クライバー）、『The Post-War German Tradition』（ケン
ペ、カイルベルト、サヴァリッシュ、クーベリック、クリュイタンス）、
『Back From The Shadows』（メンゲルベルク、ミトロプーロス、アーベン
トロート、ベイヌム）、『American Classics』（バーンスタイン、オーマン
ディ）、『Hungarian in Exile』（ライナー、ドラティ、セル）、ピアニスト
では『Sviatoslav Richter』（リヒテル）、『Giants of the Keyboard』（ケ
ンプ、ギーゼキング、フィッシャー、ハスキル、バックハウス、シュナーベ
ル）、『Pianists for the Connoisseur』（ミケランジェリ、コルトー、ワイ
センベルク、カーゾン、ソロモン、ナイ）、ヴァイオリニストは『Great
Violinists』（オイストラフ、シュナダーハン、グリュミオー）、歌手は『Six
Wagnerian Sopranos』（ライダー、フラグスタート、ヴァルナイ、メード
ル、ニルソン、ジョーンズ）、『A Notable Quartet』（ヤノヴィッツ、ルー

トヴィヒ、ゲッダ、フィッシャー＝ディースカウ）、『Mezzo and Contraltos』（ベイカー、クローゼ、フェリアー、シミオナート、ヘンゲン）、『Her Master's Voice』（シュヴァルツコップ）、オーケストラは『Wiener Philharmoniker 1』『Wiener Philharmoniker 2』（ウィーン・フィル）、『Staatskapelle Berlin』（ベルリン・シュターツカペレ）、『Sachsische Staatskapelle Dresden』（ザクセン〔ドレスデン〕・シュターツカペレ）、レコード・レーベルでは『Columbia 33CX』（イギリス・コロンビア）、『Philips Minigroove: The First Ten Years』（フィリップス）、『Concert Hall』（コンサートホール）で、実際はこの倍以上ある。

　ディスコグラフィーを頻繁に作っている人のことをディスコグラファー（discographer）と呼ぶそうだが、ハントこそ立派なディスコグラファーの一人である。書籍に彼の簡単な略歴が記してあるので、それを紹介しておこう。生まれはウィンザー城で有名なイギリス・ウィンザー。ロンドン大学でドイツ語とドイツ文学を学ぶ。政府の行政機関の調査、レコード店、音楽の講演などの仕事をおこない、イギリス・フルトヴェングラー協会の第3代事務局長を務める。

　ハントは精力的にディスコグラフィーを発刊していて、世界中のコレクターや研究家に大きく貢献しているが、使い方には注意が必要である。つまり、これだけの数をこなしている半面、精度にいくらか問題があるということをきちんと理解しなくてなならない。それを痛感したのが以下の例だった。

　ヨハンナ・マルツィが弾いたバッハの『無伴奏ヴァイオリンのためのソナタとパルティータ』を調べていたときである。このオリジナルLPはイギリス・コロンビアで発売されていて、番号は順に第1番（33CX1286）、第2番（33CX1287）、第3番（33CX1288）である。ちょうどハントのディスコグラフィー『Columbia 33CX』があったので、渡りに船とばかりに、これを参照した。すると、そこには1286が1955年10月発売、1287と1288が55年11月発売になっていたので、これをそのまま信用し、自分が制作したCD（GS-2193/4）にこれらの情報を掲載したのである。

　イギリスの「グラモフォン」誌はLPの発売と同じ月に批評を掲載しているので、たまたま同誌の1955年10月号と11月号に掲載されているマルツィの批評を手に入れた。しかし、33CX1288の批評はなぜかハント本がいう発売月の1955年11月号に見当たらないのである。おかしいと思ってさらに調査を進めると、33CX1288は1956年3月号に掲載されていた。

　ハントのディスコグラフィーとは関係ないが、最近、シューリヒト指揮、ウィーン・フィルのブルックナーの『交響曲第3番』『交響曲第8番』『交響曲第9番』（EMI）を調べていたときのことである。グラモフォンのレコード・カタログには『第8番』は1963年12月、この月に批評が掲載されていると記されていた。だが、該当の号には批評はなく、実際は1964年12月号だった。そもそも、『第8番』は63年12月の録音なので、63年という表示は根本的に間違っていた。

　以上の件にふれてみて、私は2013年に亡くなった有数のコレクターで研究家だったクリストファ・N・野澤の言葉を思い出した。「現物主義」。彼は盛んにこれを口にしていた。カタログにあった、誰それの本に記載されていた、これらはあくまでも参考としての情報にすぎない。だから、私がマルツィのLP初発売について、雑誌の批評を実際に確認せずハントの情報をうのみにしたのは、明らかにうかつだったのである。とにかく、カタログや予告に掲載されながら発売されなかったSP、LPなどが山のようにあることからもわかるように、現物を見ないかぎりは断定は危険である。

　今回、たまたまハントの『フルトヴェングラー・サウンド』（第7版）をみていたら、チャイコフスキーの『交響曲第4番』（録音：1951年1月）の項で、ハントは「SP（78回転）は未発売」と書いているが、これは誤りである。私はかつて、川合四朗からドイツ・エレクトローラ盤のレーベルの写真を頂戴したことがある。このHMVのSP（DB21376/21381）は、世界的に見ても超希少だが、川合はこのSPを入手したのにもかかわらず、そのなかの1枚の外周が欠けていて、ひどくがっかりしたと言っていた。

フルトヴェングラー／チャイコフスキー『交響曲第4番』のSP（写真提供：川合四朗）

ハント本には足りない部分があるかもしれないが、調査の足がかりを作ってくれるという点では、とてもありがたい仕事である。要は、「現物主義」の精神を忘れず、きちんと使いこなせばいいのである。

［付記］ハントのディスコグラフィーは、現在ネット上などでまとまった情報として見ることができないのが残念である。それに近いものとしては、「John Hunt Discographies」（〔http://www.johnhunt.malcolmfox.com/〕[2021年9月2日アクセス]）が本の裏表紙に掲載されているが、ずいぶんと長い間、更新されていない。

また、最近刊のディスコグラフィーでは、以下の音楽専門書店が問い合わせ先として掲載されている。なお、版元品切れのものが増えてきているということだ。

Travis & Emery Music Bookshop
17 Cecil Court, London, WC2N 4EZ, United Kingdom.
Tel.+44 (0) 20 7240 2129
web@travis-and-emery.com

No.27
映像によるクレンペラーのベートーヴェン『交響曲全集』

オットー・クレンペラー（1885-1973）が1970年に指揮をしたベートーヴェン・ツィクルス（9曲の交響曲）、これが最近（2019年）映像化（ブルーレイ）されたが、久々にずしりと手応えがあるものに接して、うれしかった。これらは以前クラシック専用チャンネルで放送され、このツィクルスを見たさにチャンネルに加入したファンが少なからずいたと聞いている。制作はイギリスのBBCで、映像はカラー、音声

はモノラルである。

　クレンペラーの経歴は輝かしいものだった
が、実際の生活は波乱に満ちたものだった。
2度にわたるひどい骨折、脳腫瘍、大やけど
などを負い、そのたびに再起不能説がささや
かれたが、不死鳥のようによみがえっていた。
しかし、躁と鬱が日常的に交代し、非常に激
しやすい性格だった。しかも長身であり、手
術の後遺症で顔面がゆがんでいたので、周囲
の人々に恐ろしい印象を与えた。実際、クレ

クレンペラー／ベートーヴェン『交響曲全集』（ブルーレイ）

ンペラーの暴言、激怒、皮肉、奇行、蛮行、好色は常に人々を困惑さ
せていた。したがって、クレンペラーに関する逸話は非常に多く残っ
ているが、そうした話だけで『Klemperer Stories: Anecdotes,
sayings and impressions of Otto Klemperer』（Robson Books, 1980）と
いう本が出版されたのにはまったく驚かされる。ブルーレイの日本語
解説書（KKC9476）のなかにも「クレンペラーは依然として暴君だっ
た」「オーケストラと指揮者の関係は献身、畏敬、恐怖、愛が入り交
じっていた」とある。ではなぜ、このような扱いにくい指揮者にツィ
クルスをゆだねたのか。それは簡単である。音楽がすばらしいからだ。
　ところで、ベートーヴェン・ツィクルスだが、1970年5月から6月
にかけて『第1番』＋『第3番「英雄」』（5月26日）、『第4番』＋『第5
番』（6月2日）、『第2番』＋『第6番「田園」』（6月9日）、『第8番』＋
『第7番』（6月21日）、『第9番「合唱」』（6月30日）の順でおこなわれた
（会場はロイヤル・フェスティヴァル・ホール）。日程が数日以上離れてい
るのは、すでに85歳に達していたクレンペラーの健康状態を考慮し
てのことだろう。
　クレンペラーのベートーヴェン『交響曲全集』は1957年から60年
にかけて旧EMIに録音されたものが広く知られている。今回はそれ
よりも10年以上時間が経過しているが、最も顕著なのはテンポの変
化である。EMIのものも遅いことで知られているが、70年のそれは

さらに遅い。また、提示部の繰り返しは『第4番』『第8番』を除いておこなっていないし、EMIで採用されていた『第7番』の第1楽章の独自改変も、この70年演奏では採用していない。さらに、『第1番』『第2番』『第4番』では弦楽器の人数を減らしているが（第1ヴァイオリンが12人、ほかは16人）、こぢんまりやろうなどという空気はまったくない。

　クレンペラーの映像では1964年におこなった『第9番「合唱」』（〔DVD〕、東芝EMI　TOBW-3564〔廃盤、白黒、モノラル〕）があった。そのときと同じく、70年のツィクルスも座って指揮をしているが、動きはいっそう簡素になり、その半面、異様な妖気のようなものが発散されている。腕の動きもときに不規則に揺れているだけのように思える箇所もあり、リードするコンサートマスターの執念のようなものも、画面を通じてひしひしと伝わってくる。

　とにかく、音楽の器が著しく大きい。先ほど『第1番』などは人数が減らされていると記したけれど、音楽のスケールの大きさは破格である。全9曲、仰ぎ見るような立派な構築物だが、例えば『第6番「田園」』。第1楽章の遅さはかのフルトヴェングラーとそっくりだが、フルトヴェングラーの演奏が人間くささを感じさせるのに対して、クレンペラーのそれは抽象的というよりも幾何学的な整然さが感じられる。この楽章は「田舎についた時の愉快な気分」がベートーヴェンが与えた副題だが、もっと根源的な、人間の生命力のようにも思える。第2楽章「小川のほとり」も単なる描写ではなく、人間の深い精神が描かれている。第3楽章「農民たちの踊り」はさらにテンポが遅い。これまた、もはや人間の踊りではなく、大地の鼓動と言ったほうがふさわしいかもしれない。

　『第3番「英雄」』もすばらしい演奏だが、特に第2楽章に胸を打たれた。ここは言うまでもなく「葬送行進曲」なのだが、そのいかめしさや崇高な響きは、血も涙もない悲しみのようだ。85歳のクレンペラーが到達した、至高の世界である。また、この『英雄』だが、第4楽章の冒頭が極端に乱れている。おそらく棒の動きが不明瞭だったため

に起きた事故だが、このときはオーケストラ全体を遠くから映しているので、詳細はわからない。

『第7番』もまた、特に第2楽章がすごかった。クレンペラーの棒はどんどん動きが小さくなり、途中ではほとんど動かなくなってしまうのだが、音楽は恐ろしいまでの緊張感をはらみながら、粛々と進んでいく。それはまさに息をのむような瞬間だった。とにかく、この楽章をこれだけ突き詰めた演奏は、かつて耳にしたことがない。

『Klemperer Stories』

　全9曲通して観たけれど、体調による好不調の波などはなく、まったく均一の出来栄えだと思う。クレンペラーの指揮姿は、お世辞にも格好よく洗練されたものとはほど遠い。しかし、この演奏には、彼がそれまで歩んできた人生が凝縮されたような味の濃さ、誰もが決して足を踏み入れなかった別世界が展開されているのを痛感する。

　各団員の献身的な演奏ぶりにも、身が引き締まる思いである。棒が不明確だから、そのせいでかえってお互いが注意深く聴き合ってアンサンブルを築き上げたのだろうが、これだけ完全に指揮者の色に染まった音を聴いて、クレンペラー自身も非常に満足だったのではないだろうか。

　こういった映像を観て、ときどきこんなふうに評する人がいる。「指揮者に無理やりやらされている。各奏者の自主性に欠けている」。オーケストラに限らず、アンサンブルはほかの奏者との連携プレーである。お互いが歩み寄る、別の言い方をすれば、妥協しあうことである。最近では、指揮者と各奏者が議論しながらリハーサルを進めることさえあるらしい。正直言って、曲の全体を把握している奏者などほぼ存在しないし、もしもそう自任する奏者がいるならば、指揮者に転向すればいいことだ。いずれにせよ、ベートーヴェンのような破格の天才の作品、しかもこれら不滅の9曲の演奏は、生半可ではできない。

それこそ、一生をかけてスコアを何度も何度も読み込み、音楽と自分の生態リズムが完全に一致するまでの、気が遠くなるような地道な作業だからだ。

文中でふれたディスク

ベートーヴェン『交響曲全集』(第1番−第9番、ブルーレイディスク5枚組み)／オットー・クレンペラー指揮、ニュー・フィルハーモニア管弦楽団、テレサ・ツィリス゠ガラ(ソプラノ)、ジャネット・ベイカー(メゾ・ソプラノ)、ジョージ・シャーリー(テノール)、テオ・アダム(バス)、ロンドン、ロイヤル・フェスティヴァル・ホール(収録:1970年5-6月、キングインターナショナル　KKC9476)

No.28
伝統の響き、フランツ・コンヴィチュニー

　クラシック音楽の作品は、基本的には変わりようがない。でも、演じるほうの気持ちとしては、作品に新たな光を与えたい、ほかとは違う視点で挑みたいと考えるのは、むしろ当然のことだろう。しかし、最近では特色を出そうとするあまり、表面的、皮膚感覚的に陥っている演奏が多すぎる。もっと普通にやってくれ、と言いたくなってしまう。

　最近、タワーレコードが旧東ドイツのエテルナ(Eterna)に保管してあったオリジナル・マスターからフランツ・コンヴィチュニー指揮の音源をSACDハイブリッド化している。これらを聴いていると、このコンヴィチュニーの演奏は、かなりすごいものではないかと思い始めた。

　コンヴィチュニーは1901年、チェコ・北モラヴィアのフルネックで生まれる。父親は指揮者だったと言われている。ブルノとライプツィヒで学び、当時フルトヴェングラーが音楽監督だったライプツィヒ・ゲヴァントハウス管弦楽団でヴィオラ奏者として活躍した。ウィ

ーンに移ってからはヴァイオリン奏者に転向し、弦楽四重奏団を結成した。しかし、27年から指揮者として再スタートし、シュトゥットガルト、フライブルク、フランクフルト、ハンブルクなどで活躍するが、49年から名門ライプツィヒ・ゲヴァントハウス管弦楽団の音楽監督に就任する。並行してドレスデン国立歌劇場、ベルリン国立歌劇場でも活躍し、文字どおり旧東ドイツで最も重要な指揮者とみなされた。62年7月、コンヴィチュニーはベオグラード（現セルビア）でテレビ収録中に死去し、ライプツィヒでおこなわれた葬儀では、人の列が10キロ続いていたと伝えられる。

　コンヴィチュニーに対する一般的な認識は「ドイツの地味な指揮者」といったものだろう。自分の思いも、まったく同じある。そんなふうに思われる要因は、彼の音楽がまったくのオーソドックス、一見するとほとんど何もやっていないかのように聞こえるからだ。きわめて楽譜に忠実とも言える。だから、コンヴィチュニーの特色を言葉で語ろうとすると、結構説明しにくい。でも、これはある意味理想的な演奏ではないだろうか。さる指揮者が「自分は透明人間のような存在でありたい」と語っていたが、このコンヴィチュニーこそ、音そのものが直接私たちに語りかけてくれるような演奏なのだ。

　ディスクを紹介していこう。以下、オーケストラはすべてライプツィヒ・ゲヴァントハウス管弦楽団、1959年から62年のステレオ録音である。まず、ベートーヴェンの『交響曲全集』（①）。このセットこそ、ベートーヴェンの記念の年だけではなく、いつでも顧みてほしい。質実剛健、雄大で力強く、いわゆる「昔ながら」的な演奏では最右翼だろう。この全集については、以下の話を記しておこう。96年11月に徳間ジャパンから初めてCD化（TKCC-15044、6枚組み）されたのだが、当時、徳間には自社のスタジオがなく、マスタリングの作業はソニーミュージックのスタジオでおこなわれた。すると、作業中にソニーミュージックのエンジニアがこう言った。「私は音楽の内容については詳しくないですけれど、なんだかとってもいい音がしてますね」

　シューマンの『交響曲全集』（②）も逸品である。セル、サヴァリ

コンヴィチュニー／ブラームス『交響曲第1番』

ッシュ、バーンスタインなどの優れた全集もあるが、やはりこの渋く重厚な音色はこのディスクの魅力である。『交響曲』以外では『序曲』が2曲、『ホルンのためのコンチェルトシュトゥック』などが収録されているが、『交響曲』とまったく同水準の名演である。何しろ、このゲヴァントハウスはその昔、シューマン自身が棒を振っていた由緒ある団体だから、なおさら聴いておきたい。

　ブラームスの『交響曲第1番』（③）も、本当にほれぼれする演奏である。残念なのは『第2番』から『第4番』をステレオ収録せずにコンヴィチュニーが世を去ったことで、もしもステレオによるブラームス『交響曲全集』が完成していたら、同じくステレオで収録されたザンデルリンクの名演（2種）と十分に肩を並べただろう。

　メンデルスゾーンの『交響曲第3番「スコットランド」』（④）も、まったくすばらしい。それは、第1楽章の冒頭の音を聴けば明らかだ。いったい、どうすればこんな音が出てくるのか、不思議にさえ思える。この曲の名盤というとたいていはクレンペラー、マークなどがあげられるが、今後はここにコンヴィチュニーも加えるべきだろう。

　このメンデルスゾーンと組み合わせられているのがベートーヴェンの『序曲集』。『「レオノーレ」序曲第1番』から『第3番』『コリオラン』『フィデリオ』など、主要なものはそろっている。ベートーヴェンの『交響曲全集』と一緒に持っておきたい。

　ブルックナーの『交響曲第5番』（⑤）も一聴の価値がある。何しろ、第1楽章の冒頭、低弦のピッツィカートを聴いただけで、思わず「木の柔らかい音がする」と感じた。全体的には名盤と言われるケンペ＆ミュンヘン・フィルよりも上ではないかとも思った。

　かつてゲヴァントハウスのコンサートマスターを務め、たびたび来日していたカール・ズスケは、「コンヴィチュニー時代のゲヴァントハウスは最高だった」と語っていたらしい。

では、ほかのオーケストラとはどうだったのか。『オイロディスク・レコーディングズ』（⑥）のなかのブルックナーの『交響曲第4番「ロマンティック」』（ウィーン交響楽団、1960年、ステレオ）、ドヴォルザークの『交響曲第9番「新世界より」』（バンベルク交響楽団、1960年、ステレオ）、シューベルトの『交響曲第9番「ザ・グレイト」』（チェコ・フィル、1962年、ステレオ）（⑦）など、ほかの団体を振

日本公演でのコンヴィチュニー（撮影会場不詳）

っても、出てくる音は実にみずみずしく、渋く、美しい。

コンヴィチュニーはリハーサルは嫌いだったが、アンサンブルの乱れに関しては直ちに修正できる力をもっていたらしい。つまりは、要所を押さえた、最低限の物言いでリハーサルを進めていたのだろう。だとしたら、これこそ理想的な指揮者と言える（楽団員が最も嫌うのは長いお説教である）。

彼の私生活については、あまり知られていない。最も有名なのは「コンウイスキー」というあだ名。いつもウイスキーを手放さなかったからだ。1961年4月に来日した際、羽田空港では早速好物のウイスキーを取り出していた彼の姿が目撃されている。また、ワーグナーの『トリスタンとイゾルデ』の上演前に、なんとシャンパンを6本も空にしたという武勇伝も残っている。

過度の飲酒がたたったのか、60歳のあまりにも短い生涯だった。ただ、ステレオが実用化されて以来の短い間に、これだけのステレオ録音がなされたのには感謝すべきだろう。そして、このコンヴィチュニーもまた、正当に再評価されるべき最も重要な指揮者なのである。

文中でふれたディスク

①ベートーヴェン『交響曲全集』（エテルナ　0301587BC、5枚組み）

②シューマン『交響曲全集』ほか（エテルナ　0301558BC、3枚組み）

③ブラームス『交響曲第1番』ほか（エテルナ　0301397BC）

④メンデルスゾーン『交響曲第3番「スコットランド」』、ベートーヴェン『序曲集』ほか（エテルナ　0301616BC、2枚組み）

⑤ブルックナー『交響曲第5番』（エテルナ　0301621BC）

⑥『オイロディスク・レコーディングズ』、ブルックナー『交響曲第4番「ロマンティック」』、ドヴォルザーク『交響曲第9番「新世界より」』ほか（デンオン　TWSA-1031～2）

⑦シューベルト『交響曲第9番「ザ・グレイト」』ほか（スプラフォン　TWSA-1064）

＊以上すべてタワーレコード（https://tower.jp/）から発売（全点SACDハイブリッド）。

No.29
ホルストの『組曲「惑星」』、公開初演100年記念

　コロナのおかげでせっかくのベートーヴェン・イヤー（2020年は生誕250年）も、さっぱりだったなぁと思っていたら、ある曲が引っ掛かってきた。それはグスターヴ・ホルストの『組曲「惑星」』である。1920年11月15日にロンドンで公開初演され、2020年はちょうど100年になる。

　ホルストは1874年、イギリスのチェルトナムで生まれた。母親はピアニストで、父親も音楽好きだった。幼いころからピアノを学んだが、生来病弱だったせいか、友人と遊ぶよりも図書館にこもるのを好んだ。酒もタバコもやらない彼は、のちにモーリー・カレッジ、セント・ポール女学院の音楽科の主任を務めた。穏やかで控えめな性格は、学生たちに好まれたという。しかし、1934年、59歳で他界してしま

う。

　天文学を学び、占星術に強い興味をもって
いたホルストは、やがてその思いを管弦楽曲
に託すことになる。1914年から16年にかけ
て、7曲からなる『惑星』を書き上げたので
ある。7曲は、以下のように作曲者自身によ
って副題が与えられた。

ホルスト指揮『惑星』より
「金星」のSP

(1)「火星、戦争をもたらす者」、(2)「金星、
平和をもたらす者」、(3)「水星、翼のある使
者」、(4)「木星、快楽をもたらす者」、(5)「土星、老年をもたらす者」、
(6)「天王星、魔術師」、(7)「海王星、神秘主義者」

　この7曲だが、1918年9月29日に非公開初演がおこなわれ、19年2
月27日には「金星」と「海王星」を除く5曲が公開初演（指揮はいずれ
もエードリアン・ボールト）され、20年11月15日、アルバート・コーツ
指揮、ロンドン交響楽団によって全曲が初演されたのである。

　ティンパニ2対、ハープ2台ほかチェレスタや多くの打楽器も加わ
り、さらにはオルガン、女声合唱（「海王星」）も入った巨大なオーケ
ストラ編成である。とにかく、個々の曲の特徴が明確に描き分けられ、
イメージは明瞭でたちどころに理解できるし、色彩感の豊かさは驚異
的である。それは、まったく突然変異的と言ってもいい。大げさかも
しれないが、私はこの『惑星』はベートーヴェンの9つの『交響曲』
に匹敵するほどの傑作だと思っている。

　1920年代になると、オーケストラ録音がいっそう盛んになり、ホ
ルストの『惑星』も作曲者自身の指揮で録音が計画された。しかし、
それはとても奇異なものだった。23年2月（イギリス「グラモフォン」誌
は同年4月創刊）、イギリス・コロンビアから「木星」だけが発売され
た。この時点でレコード会社は続篇を出すつもりはなかったものの、
続篇を希望する声が多く、その後、全曲がそろうことになる。復刻盤
CD（イギリス・パール　GEMMCD9417）（①）にならって、レコード番号、
録音データ、発売月を記すと以下のようになる。

ホルスト指揮『惑星』の
CD（パール）

(1)「火星」L1528 ／ 1923年10月30日／ 24年2月

(2)「金星」L1499 ／ 1923年8月23日／ 23年11月

(3)「水星」L1543 ／ 1923年8月23日／ 24年5月

(4)「木星」L1459 ／ 1922年10月27日／ 23年2月

(5)「土星」L1532 ／ 1925年2月19日／ 25年4月

(6)「天王星」L1509 ／ 1923年8月24日／ 23年12月

(7)「海王星」L1542 ／ 1923年11月6日／ 24年4月

　オーケストラはロンドン交響楽団だった。しかし、当時はマイクロホンを使用しない、いわゆるラッパ吹き込みの時代である。狭い部屋にぎゅうぎゅうに詰め込まれての収録は苦労が多かった。ホルストの娘イモージェンは、録音から帰ってきた父が家の階段をまともに上れないくらいに疲れきっていたと述懐している。また、そうした劣悪な環境のため、「金星」のホルンのソロでは名手オーブリー・ブレイン（不世出のホルン奏者デニス・ブレインの父）が13回も吹き損なったという。

　この演奏、音はお世辞にもいいとは言えないが、作曲者自身の指揮が記録されたのは、まことに貴重なことだった。

　ところが、調べてみると意外なことに気がついた。なんと「木星」と「土星」には別テイクが存在したのである。それはカタログ番号ではなく、マトリクス番号（母型番号とも記される）である。これは住所ではなく本籍地みたいなもので、特にSP時代はカタログ番号が同じであっても、中身が異なっていることが多々ある。前記と別テイクは以下のとおり。

「木星」L1459（カタログ番号）

前記：1922年10月27日録音（マトリクス75204-2/75205-3）

別テイク：1925年9月15日録音（マトリクス75204-8/75205-6）

「土星」L1532（カタログ番号）

前記：1925年2月19日録音（マトリクスAX199-3/AX200-3）

別テイク：1923年10月30日録音（マトリクスAX199-1/AX200-2）

　マトリクスの末尾の番号は収録した回数に準じているので、「8」とあるのは、それまで7回収録したということであり、この数字からも録音がどれほど難航していたかが計り知れる。いささかマニアックなことを言わせてもらえば、別テイクも含めた完全版のCDがほしい。しかし、この録音はバラバラに発売されているために、全曲のSP盤をそろえること自体がきわめて難しいのだ。

　1926年、ホルストはマイクロホンを使った電気録音で『惑星』（②）を再録音しているが、これは旧カタログ番号にRが付いたものだった（例えば、L1459Rのように）。

　この曲は題材が宇宙のため、その真価が認識されたのはステレオ録音になってからである。一般的にはカラヤン指揮、ウィーン・フィルのデッカ録音（1961年9月の録音）（③）によって広く知られるようになったと言われている。しかしながら、当時の日本の雑誌の批評には「あまり面白い曲ではない」などと書かれているが。

　この曲でちょっと指摘しておきたいことは、実はオルガンである。さすがに1920年代の録音にはオルガンは使用されていないが、使用しなくても困らないオーケストレーションなのである。つまり、オルガンはオーケストラに影のように寄り添っていて、オルガンだけが目立つ箇所がまったくない。この曲を弾いたことがあるオルガン奏者がこんなことを言っていた。「終演後、知り合いが楽屋に何人か来たのですけど、みんなが口をそろえて、オルガンが全然聞こえてこなかったよ」と。

　この曲もCDの数はかなり増えてきたが、どれを聴いたらいいか知りたい人には、先ほどふれたカラヤン盤と、エードリアン・ボールト指揮、ロンドン・フィル（1978年）（④）をあげておこう。カラヤンは当時、上昇気流に乗って世界制覇を成し遂げようとしていたころの録音である。一方のボールトは初演者の一人でもあり、1978年盤はボ

ールト5度目の録音、執念のたまものだった。『惑星』は化け物のような作品だから、何かの神がかり的な力がないと、名演は成し遂げられないのかもしれない。

> **文中でふれた『組曲「惑星」』のCD**
> ① ホルスト自作自演（録音：1922-25年、イギリス・パール GEMMCD9417〔廃盤〕）
> ②ホルスト自作自演（録音：1926年、ナクソス 8.111048〔廃盤〕）
> ③カラヤン指揮、ウィーン・フィルハーモニー管弦楽団（録音：1961年、ユニバーサルミュージック UCCD7437）
> ④ボールト指揮、ロンドン・フィルハーモニー管弦楽団（SACDハイブリッド、録音：1978年、ワーナーミュージック・ジャパン WPCS13269）

No.30
ベートーヴェンの交響曲の
反復記号について

　以下は、ベートーヴェン・イヤーの2020年に書いたものである。

　交響曲はベートーヴェンの先輩であるハイドン（1732-1809）によって確立された。この作品の、特に第1楽章のほとんどがソナタ形式によって書かれている。もちろん、ソナタ形式の作品は交響曲だけではなく、ピアノ・ソナタ、ヴァイオリン・ソナタ、弦楽四重奏曲など、広範囲にわたっている。

　この形式は序奏→提示部→展開部→再現部（ときどき、終結部＝コーダが付く）という流れで、その提示部では明るい・暗い、速い・遅い、といった性格が異なる2つの主題（3つの場合もある）が示される。そして、この提示部は「反復（繰り返す）」することが約束、決まりになっているのだ。

　ハイドンは104曲、続くモーツァルト（1756-91）は40曲以上の交響曲を残した。当然だが、それぞれの交響曲には反復記号が書かれてい

る。そして、この2人の作曲家による反復は、まったく同じ音をもう一度演奏することが圧倒的に多い。

ところが、ベートーヴェンの交響曲になると、反復が不似合いになる場合が出てくる。これは、ベートーヴェンの作品が古典派からロマン派へと移行して

ベートーヴェンガング（ベートーヴェンの散歩道）（2013年1月、筆者撮影）

いた証拠でもあるし、ハイドンやモーツァルトのような短時間で多作を生み出すタイプの作曲家と、作品を絞り込んで時間をかけるタイプとの、本質的な違いも浮かんでくる。

では、ベートーヴェンの9曲の交響曲の反復を『交響曲第1番』からみてみよう。『第1番』はハイドン風と呼ばれるだけあって、第1楽章、第4楽章のそれぞれの反復はそれほど長くはないし、反復の有無によって大きく印象は変わらない。

『交響曲第2番』。第1楽章の反復は1番かっこと2番かっこで若干音が異なるだけで、長さもそれほどでもなく、反復の有無はさほど大きな影響を与えない。第4楽章には反復は書かれていないが、反復したのかなと思わせておいて、実はそうではないという流れになっている。

『交響曲第3番「英雄」』。周知のとおり、交響曲史上、革新的な作品と言われる。スケールの大きさもさることながら、特に第1楽章と第2楽章の演奏時間が長くなり、それまでの交響曲を2曲演奏して、十分おつりがくるほど。初演のときは「いつ終わるんだ？　いま、やめてくれれば余計にお金を払ってもいい」というやじが飛んだとも言われる。で、この第1楽章の反復だが、冒頭部分に戻る楽節がいかにも不自然で、取って付けたような感じなのだ。なんだか、英雄が思わずコケたみたいに思える。

『交響曲第4番』。第4楽章の反復はそれほど長くないので、する・しないの問題はなさそうだ。しかし、第1楽章はそうではない。この楽

ベートーヴェンが1808年に住んだ家。『運命』『田園』を書いたころ（2013年1月、筆者撮影）

章は長い序奏が特徴的である。そこからドラマチックに主題提示部に突入するのだが、ここはベートーヴェンの交響曲のなかでも最も見事な場面の一つだろう。だが、ここの反復はどうだろうか。序奏が長かった分、反復もおこなうと、いかにも頭でっかちのような気がする。

『交響曲第5番「運命」』。第1楽章の反復は、ベートーヴェンの交響曲では初めて、まったく同じものの繰り返しである。長さは短いので、ほとんど繰り返しをしない指揮者であっても、この反復だけはしている場合が非常に多い。問題は、第4楽章の提示部である。息をひそめたような静寂から、音がみるみる膨れ上がって、切れ目なしに第4楽章になだれ込む方法は、実に革新的と言える。しかし、第4楽章の冒頭に戻るように書かれた楽句は、いかにも唐突だ。無理やり付けた、とは言いすぎかもしれないが、何度聴いてもなじめない。あと、ブーレーズが最初におこなった第3楽章の反復、これも必要ないというか、反復されるとがっかりする。

『交響曲第6番「田園」』。第1楽章の冒頭の反復は『第5番』と同じく、まったく同じことの繰り返し。つまり、コピー＆ペーストも可能。その昔、反復をしないのが一般的だった時代に、朝比奈隆（1908-2001）は書いてある反復はすべておこなうと公言し、それを実践していた。しかし、この『田園』の第1楽章だけ「すーっと出てくる感じを、二度やる気が起きない」という個人的な理由で、反復していなかった。この楽章はそもそも「田舎に着いた時の楽しい気分」という副題が付いていて、この冒頭こそ、長旅からやっと目的地に着いた安堵感を示すものだろう。こうした気分は確かに一度きりなので、この反復は必然性に欠けるとも言える。したがって、朝比奈が例外的に反復を避けたのは理解できる。しかし、あるとき朝比奈はある人から「主張に一

貫性が欠けるのではないか」と指摘され、それ以降は『田園』の反復もするようになっていたが。

『交響曲第7番』も第1楽章はまったく同じことの反復だが、序奏も提示部も長いので、反復するといかにも冗長に思える。第3楽章も楽譜どおりに反復をやられると、気分が萎えてくる。

ベートーヴェンのデスマスク。ハイリゲンシュタットのベートーヴェン博物館（2013年1月、筆者撮影）

『交響曲第8番』は提示部が短く、音もほとんど同じなので、反復の是非はさほど問われないだろう。第4楽章は、もともと反復記号がない。

『交響曲第9番「合唱」』の第1楽章は、唯一ベートーヴェンが反復を記していない。それは当然だろう。霧のなかから主題が少しずつ姿を見せ、やがてその全貌が眼前に現れるという斬新な開始方法。ベートーヴェンも、ここを反復するのは音楽的ではないと判断したのだろう。

ロマン派に生まれたブラームス（1833-97）も、交響曲には規則どおりに反復を書き込んでいる。しかし、『交響曲第2番』の第1楽章、冒頭に戻る接続部分はいかにも無理があり、背中がかゆくなってきそうだ。『交響曲第1番』の第1楽章の反復も、ブラームス自身が書いたのだと言われても、本当に必要なのかと思ってしまう。『交響曲第4番』の第1楽章では反復を採用していないが、これはベートーヴェンの『交響曲第9番』に似た現象だと思う。

モーツァルトの交響曲には再現部の反復も書いてあり、提示部も含めたすべての反復をおこなうと、とんでもない長さになる。これを実践した演奏会に何度か遭遇したことがあるが、単に退屈なだけである。

以前、「欠点は、反復がおこなわれていないことだ」と書かれたCD批評を読んだこともある。きっと、多くの指揮者が反復をやりたがるのは、とりあえず後ろ指をさされないようにするためではないだ

ろうか。

　反復カットに反対する人が最も強調しそうな点は、1番かっこにし
か入っていない楽句が演奏されなくなる、ということだろう。確かに、
反復をしないと、接続部分は聴けなくなる。けれど、反復をカットし
たところで、書かれた楽句を永久に葬り去るわけではない。たまにや
ってくれればいいし、反復が含まれたCDも、ある程度数があればそ
れでいいと思う。

　昔の指揮者は総じて反復をおこなわず、伝統的、もしくは独自の楽
譜改変をおこなうのが普通だった。それは、ときにはいきすぎもあっ
たかもしれない。その反省として原典主義、楽譜順守主義がささやか
れるのは悪くないことだ。けれども、横並び主義的なお手軽演奏が、
それこそ強力なウイルスのように感染拡大しているのもまた事実なの
だ。

No.31
録音黎明期の
オーケストラ録音からみえてくるもの

　先日、ハンス・プフィッツナー指揮、ベルリン・フィルによるシュ
ーマンの『交響曲第4番』（ドイツ・ポリドール　69625～27）のSPを手
に入れた。これはこの曲の最初の録音だが、1923年ごろに発売され
たという以外の詳細は不明な盤である。もちろん、ラッパ吹き込み
（アコースティック）録音である。3枚全6面は第1面から第3面（第1楽章）、
第4面から第5面（第2楽章）、第6面（第4楽章）とカッティングされてい
るが、なぜか第3楽章は含まれていない。この録音をかつてクリスト
ファ・N・野澤からCD-Rで頂戴したことがあり、そのときは「本当
に第3楽章がないのか？」と思っていたが、こうして実物を手に入れ
てそれを確かめることができた。

　第3楽章など、やろうと思えば片面に収録できたはずである。SPや
LP時代は最終面が空白というのはときどきあったので、このシュー

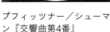

プフィッツナー／シューマ　　ハーティ／ドヴォルザーク
ン『交響曲第4番』　　　　　『新世界より』

マンだって4枚組みで第8面が空白でも、少しもおかしくない。まあ、いまになっては第3楽章カットの理由はわからないが。

　この当時は面を節約するためにカットが施されている場合が多いが、この演奏は第1楽章の提示部の反復はさすがに省かれてはいるものの、それ以外はカットされていない。音は恐ろしくダイナミック・レンジが狭い。管楽器や打楽器は各パート1人ずつ担当しているが、弦楽器は全員で10人から14人程度、いや、もっと少ないかもしれない。でも、その素朴で温かい感じの演奏は決して悪くはない。なるほどと思ったのは、このころのベルリン・フィルでも、弦楽器にはときどきポルタメントが聴き取れることである。

　比較的最近手に入れたSPでは、ハミルトン・ハーティ指揮、ハレ管弦楽団のドヴォルザーク『交響曲第9番「新世界より」』（アメリカ・コロンビア　67000-D〜67004-D）、これは1923年4月・5月に録音されたものである。『新世界より』の録音はこれ以前にもランドン・ロナルド指揮、ロイヤル・アルバート・ホール管弦楽団（HMV　D536〜8、613）という、19年と21年に録音されたものもあった。しかし、ロナルド盤は全曲にわたってカットが多数施されたものであり、半面、ハーティ盤はカットがない初めての全曲盤だったのである（CD化されているのは1927年の再録音盤）。

　このハーティ盤も強烈な個性こそないものの、非常に生き生きとした演奏である。この演奏でも、第2楽章ではヴァイオリンにポルタメントが目立つ。

ルネ＝バトン／ベルリオー　　ロマーニ／チャイコフスキ
ズ『幻想交響曲』　　　　　ー『交響曲第5番』

　ドイツ、イギリスときたので、次はフランスにいってみよう。ルネ
＝バトン指揮、パドゥルー管弦楽団によるベルリオーズ『幻想交響
曲』（フランス・グラモフォン　W608～13）がある。これは1924年10月
の録音で、この曲の世界初録音だった。ラッパ吹き込みではさすがに
第4・第5楽章は苦しいが、当時のオーケストラがどんなふうに演奏
していたかは聴き取れる。例えば第1楽章冒頭、木管楽器が終わって
ヴァイオリンが歌いだすが、ここは思いきりポルタメントがかかって
いる。そのあと、「固定観念」がヴァイオリンとフルートで奏される
際もポルタメントが著しい。第2・第3楽章もヴァイオリンにポルタ
メントが使用される箇所があちこちにみられる。この希少録音だが、
ワーナーミュージックが発売した27枚組の『ベルリオーズ作品全
集』（9029561444）にボーナス盤として入っているので、単独では聴
けないものの、CD化されただけでもありがたい。

　では、イタリアはどうか。ロマノ・ロマーニ指揮、ミラノ交響楽団
によるチャイコフスキーの『交響曲第5番』（イギリス・コロンビア
487～8）がある。これは1914年12月に発売されたことは判明してい
るが、録音日は明らかではない。ただ、通常は約50分程度かかるこ
の交響曲をSP2枚4面、約17分程度に短縮したトンデモ盤なのだが、
しかし演奏には特色がある。音楽には勢いがあるし、特に第2楽章は
イタリアのメンゲルベルクと言っていいほどヴァイオリンのポルタメ
ントがすごい。

　同じイタリアではカルロ・サバイノ（？）指揮、ミラノ・スカラ座

フィルハーモニー管弦楽団によるR・シュトラウスの『交響詩「ドン・ファン」』（イギリス・グラモフォン　050547〜8）、これは1907年録音とされる。SPのレーベル面には指揮者の名前は記されていないが、C・G・アーノルド『The Orchestra on Record, 1896-1926』(Greenwood Press）によるとカルロ・サバイノらしい。SP番号は2つあるものの、裏表だけ、つまり1枚もので、当然ながら曲は半分以下にカットされている。鑑賞用としてはいまや顧みられることがないレコードだが、ヴァイオリンの強烈なポルタメントを聴いていると、この当時のミラノもこんなだったのか、と思った。

　チェコではラッパ吹き込み時代のオーケストラ録音はなかったような気がするが、最初期に属するものではヴァーツラフ・ターリヒ指揮、チェコ・フィルハーモニー管弦楽団によるスメタナの『交響詩「わが祖国」』全曲（CD、録音：1929年、日本コロムビア　COCQ-75206）がある。これはスプラフォンのSP復刻だが、第1曲「ヴィシェフラト」、第2曲「モルダウ」で、ところどころにヴァイオリンのポルタメントが聴き取れる。同じ演奏者によるドヴォルザークの『交響曲第8番』（CD、録音：1935年、Koch　3-7007-2）では、ほんの少しだけ香ってくるように、ごく控えめにヴァイオリンやチェロにポルタメントがみられる。

　ハーティのことを書いていてふと思い出したのが、ハーティ指揮、ハレ管弦楽団によるシューベルト『交響曲第9番「ザ・グレイト」』（イギリス・コロンビア　L2079〜85）である。これは1928年の録音で、このときはすでに電気録音であり、レオ・ブレッヒ指揮、ロンドン交響楽団（録音：1927年、HMV　D1390〜95）に次ぐ史上2番目の全曲録音である。これは自分の手で復刻し、「クラシックプレス」2002年夏号（音楽出版社）の付録CDにしたことがあった。復刻に使用したのはアメリカ盤（ピックアップで再生すると、イギリス盤よりも概してノイズが少ない）だったが、初めて聴いてそのすばらしさに感激し、CDにしたのである。端正で品格にあふれ、オーケストラの独特な味わいも濃く、いま聴いても実に感動的である。あらためて思ったのは、第1楽

章の序奏や第2楽章で、チェロ・パートがものすごくポルタメントを
多用しているということである。

　ソリストや弦楽四重奏などでポルタメントが多用されるのは、いわ
ば個人プレー、その奏者の好みとも言える。しかしながら、オーケス
トラのような集団になると、これは当時の一般的な弾き方、つまり、
多くの人が実践していた奏法と断言できる。以上のような例をみてみ
ると、1910年ごろから30年ごろのヨーロッパの団体は、多少の差は
あってもおおむねポルタメントを使用していたことになる。No.5
「戦前のベルリンで活躍した指揮者、オスカー・フリート」のオスカ
ー・フリートの例もそれに含まれるので、そうなると、1870年から
90年ごろも、同じような弾き方をしていたと考えるのが普通ではな
いか。

　1870年から90年ごろになると、ブラームス、チャイコフスキー、
ブルックナー、マーラー、ヴェルディ、サン＝サーンスなどが生きて
いた時期と重なる。つまり、これらの作曲家たちは、これまでふれた
ようなオーケストラの音を当たり前に聴いていたのだろう。しかし、
現在は定説とされている古楽器奏法、バッハやベートーヴェンらが生
きていた時代の奏法に近いとされるものは、ここでふれた演奏とはま
ったく異質のものである。もしも、この古楽器奏法が正しいとなると、
1840年から50年ごろに、奏法上の大変革のようなものが起きたと考
えなければならないだろう。

　また、古楽器奏法ではほぼ一律に「現代よりもピッチが低かった」
と言われているが、これは絶対的に正しいとは言えない。なぜなら、
例えばヨーロッパ各地に設置されているオルガンは半音どころか、と
きには全音近く現代のピッチよりも高いものもあるし、その逆のもの
もある。とにかく、ピッチはオルガンごとにまちまちなのだ。

　当然、こうしたオルガンと演奏する場合は、そのオルガンにピッチ
を合わせるしかない。だから、一律に低かったとする説は、正しいと
は言えないだろう。また別の情報によると、例えば半音高いオルガン
と演奏する際には、オーケストラが移調して弾いたとも言われている。

でもこれとて特に根拠があるわけでもなく、推測の域を出ないらしい。とにかく、このピッチ問題に関してはなかなか一筋縄にはいかないようだ。

古楽器奏法は、バッハやモーツァルト、ベートーヴェンなどの時代に、いったいどんな演奏が繰り広げられていたのかを考える機会を与えてくれた。でも、音も映像も残っていないころの演奏法を具体的に知る手立てはない。あえて言うならば、その時代に使われていた楽器を使用すれば、当時の雰囲気の、かろうじて一部だけ感じることは可能だろう。むろん、その方面の調査・研究を無駄だというつもりはないが、古い時代の演奏様式を本気で知ろうと思うならば、以上にあげたような古い録音を聴くことは必須の条件である。でもきっと、研究者たちはこうした音を聴いたこともないし、聴こうともしないだろう。彼らにとって、カビが生えた古い文献のほうが、れっきとした音資料よりも重要なのだから。

No.32
お徳用盤は、
結局のところお得ではない？

最近、レナー弦楽四重奏団の21枚組みというセットが発売された。CD1枚あたり400円もしない廉価盤ボックスである。当然、すべてSP復刻なのだが、期待していたラヴェルとドビュッシーの『弦楽四重奏曲』やドヴォルザークの『弦楽四重奏曲第12番「アメリカ」』などが含まれていなかった。

なぜ、含まれていないのか。答えは簡単、過去にCD化の実績がないからだ。つまり、この手のボックスものは既存のCDをコピーして作り上げたものだからである。

著作隣接権はとうの昔に切れているのだから、古いCDからコピーして作っても法的な問題はなさそうである。それに、これだけのCDを中古でそろえるとなると、相当な時間と労力がかかる。そう思えば、

レナー弦楽四重奏団／ラヴェル『弦楽四重奏曲』（SP）

ありがたいセットだとも言える。

　たまたま、ミシェル・オークレールの同種の8枚組みが手元にある。例えば、このなかにはドビュッシーとラヴェルの『ヴァイオリン・ソナタ』という希少音源が含まれていて、これを喜んだファンも少なからずいたらしい。この2曲はグリーンドア（GDES-0017〜8）の復刻盤にも含まれているので聴き比べたのだが、グリーンドア盤と8枚組みはノイズの箇所がぴたりと一致する。つまり、この8枚組みはグリーンドア盤のコピーなのである。

　こんな話も知人から聞いた。その人はジャック・ティボーの廉価セットを購入したが、たまたま持っていた東芝EMIのCDと比較したら、やはりノイズの箇所がまったく同じだったらしい。SP盤か金属原盤が隆起していて、「ボコボコ」というノイズが連続するところだという。「パチン」というノイズは除去可能だが、盤のゆがみに類するノイズの除去は難しい。つまりは、安易にコピーするしか能がないのだから、コピーだと悟られないようにしようという気持ちもないし技術もない、といったところだろう。

　こうした廉価盤ボックスなのだが、便利と言えば便利である。解説もなく、何の工夫もなくても、音だけ聴ければいい、とにかく数を聴きたいと願う人には好適かもしれない。でも、これは長期的にみて、決してお得とは言えないと、最近思い始めた。

　例えば、お金に困ったとき。自分や家族が大病をしたり大けがをしたり、あるいは何か大きな買い物をしたいと思い立ち、CDのコレクションを処分して資金の足しにしようとしたとき。その際、間違いなくこうした廉価セット盤は二束三文である。反対に、時間をかけて作られたものは、場合によっては買ったとき以上の値段で売れることもある。同じお金を使うならば、なるべくきちんと作ったCDを買ったほうが、先々、有利なのである。とにかく、なんでもそうだが、買うときに高かったものは、売るときもそれなりの値段で売れるからだ。

どうせコレクションなんか墓に持っていけないから、何を買おうが自分の勝手と考える人は、そうしてもかまわないだろう。

もう一つ、この種の廉価盤のいやなところは、音楽ビジネスの将来を危うくするものだからだ。まず、「古い音源は安く簡単にできるのだ」という錯覚を消費者に与えること。レナーの21枚組みなど、これだけのSP復刻を最初から始めるとなると、それこそ頭がおかしくなるほどの重労働である。まず、盤に反りや

ジャック・ティボー

欠けがないかのチェック、続いて盤のクリーニング（洗浄）、ピッチの調整（78回転とレーベルにあっても、正しくないこともある）、小節のダブりはどこでカットするのか、休符のときに面が変わったら、どの程度の間合いにするべきか、面ごとの音質の違いをどこまでならすか、など。あと、音よりもむしろ大変なのが解説書である。これまた、音作り以上に面倒くさい。そうした労力を考慮すれば、とても廉価盤などでは発売できない。したがって、SP復刻は安くて当たり前のようになると、新規の復刻は出なくなるばかりか、既存の音源がただ手を替え品を替えて、市場に出たり消えたりを繰り返すだけになる。

とにかく、廉価盤は値段なりの音である。これは、メジャー・レーベルとて同じである。最初のころは普通の値段で出ていたものが、ある日、廉価盤で再発売される。音を比較すると、明らかに悪くなっている。これは過去に何度も経験した。あと、最近では音の編集も自動的におこなえる装置もあると聞く。これを使えば経費は安くあがるだろう。でも、結果は言わずもがなである。

CDに限らず、あらゆる分野に安さへの常軌を逸した渇望がはびこっている。こんなものが、私たちの生活をより豊かにしてくれるとは、まったく思えない。

CD制作手記

　2000年から始めた自主レーベルGRAND SLAMは、当初、ごく軽い気持ちで始めた。しかし、こと歴史的録音になると音質的に満足がいくものが少なくなり、また、なかを開けると曲目の解説と演奏家の履歴だけという、ごくありきたりの内容のものがあふれかえっていた。このような状況では記録としてのレコード＝CDは、面白くなくなるばかりである。これではあまりにも寂しいと思い、自らの手で、ファンに喜んでもらえるものを作りたいという考えに移行していった。その結果、21年9月の時点で最新盤はGS-2247、つまり250点近く発売したことになる。

　拙著『フルトヴェングラーを追って』（青弓社、2014年）のなかの「手前味噌」と題した章で、フルトヴェングラーのCD制作の舞台裏を記していた。自分としてはなんだか言い訳を書くような気がしてあまり気乗りはしなかったが、この話が面白いという声が案外多かった。そこで、これまで発売されたもののなかから、役に立ちそうな情報が含まれているCDについてふれていこうと思う（『フルトヴェングラーを追って』の出版後に発売されたフルトヴェングラー関連のCDも含んでいる）。

　なお、在庫は発売元の有無を記載しているため、流通在庫（店舗が保有しているもの）とは必ずしも一致しないので、注意してほしい。

・プロコフィエフ『ピーターと狼』（ボロディン『交響曲第2番』ほか、ゴロワノフ第2巻）／ニコライ・ゴロワノフ指揮、ソビエト国立交響楽団、V・P・マレツカヤ（語り）（録音：1947年、発売：2001年8月31日、GS-2004〔在庫なし〕）

　メロディアのSPからの復刻。『ピーターと狼』は1936年にモスクワで初演され、39年にクーセヴィツキー指揮、ボストン交響楽団（語りはリチャード・ヘイル）によって初めて録音された（RCA）。この曲には

語りが入るため、その語りの部分はレコードが発売された国の言葉によってなされるのが普通である。日本でも語りに坂本九、黒柳徹子、坂東玉三郎、堺正章、明石家さんまなど各界の著名人を起用したものが過去に発売されていた。

ショスタコーヴィチ（左）とゴロワノフ（右）

　プロコフィエフはロシア人だが、意外にもロシア語版の演奏というのは少ない。このゴロワノフ指揮の演奏はロシア語による最初の録音で、当盤以外のロシア語版演奏は、ロジェストヴェンスキー指揮、ソビエト国立交響楽団、N.LITVINOVの語り（メロディア　33ND2928/9、10インチ）くらいしか知られていない。

　ゴロワノフ盤の語りは女性で、ロジェストヴェンスキー盤は男性による語りである。

・モーツァルト『交響曲第35番「ハフナー」』（シューベルト『未完成』、ベートーヴェン『交響曲第2番』）／カール・シューリヒト指揮、ウィーン・フィルハーモニー管弦楽団（録音：1956年、発売：2009年4月25日、GS-2034〔在庫なし〕）

　イギリス・デッカが収録したシューリヒト指揮、ウィーン・フィルによるモーツァルトの『ハフナー』とシューベルトの『未完成』はオリジナル・ステレオ録音だったが、初期LP時代にイギリスではSXL2143、アメリカではCS6113と番号まで決まっていながらも、ステレオLPはとうとう発売されなかった。ここに収録された『ハフナー』はCS6113の片面テスト・プレス盤を使用して復刻している。いま聴いても、なかなかいいと思う。最近は特にオークションで実にさまざまなものが出品されるので、いつかSXLのテスト・プレス盤も現れるかもしれない。

・ワーグナー『歌劇「タンホイザー」』より「期限は切れた」、『楽劇「ニュルンベルクのマイスタージンガー」』より「リラの花がなんとやわらかく」「迷いだ、迷いだ、どこも迷いだ」、『楽劇「ワルキューレ」』より「ヴォータンの告別」ほか／ハンス・クナッパーツブッシュ指揮、ウィーン・フィルハーモニー管弦楽団、ジョージ・ロンドン（バス・バリトン）（録音：1958年、発売：2009年7月4日、GS-2036〔在庫なし〕）

このクナッパーツブッシュとロンドンの録音セッションに、合唱指揮者の田中信昭が立ち会っていたとは驚きだった。解説書ではインタビュー形式で田中がそのときの印象を語っている。大まかな記憶ではあるが、貴重である。

・ベートーヴェン『交響曲第9番「合唱」』／オットー・クレンペラー指揮、フィルハーモニア管弦楽団、ノルドモ゠ルーヴベリ（ソプラノ）、ルートヴィヒ（メゾ・ソプラノ）、クメント（テノール）、ホッター（バリトン）（録音：1957年、発売：2009年7月30日、GS-2037〔在庫なし〕）

イギリス・コロンビア（SAX2276/7）からの復刻。自分でもすっかり忘れていたが、同じSAXの最初期のブルー・シルヴァーと、後期のプレスのセミ・サークルを聴き比べて、後者を復刻の素材にしている。中古市場では圧倒的にブルー・シルヴァーのほうが高額であり、多くのコレクターが欲しがるものである。でも再生音はなんとなく据わりが悪い音だった。針先が盤面となじまないような気もするし、もしかしたら周波数特性もRIAAではないかもしれない（No.23「ムラヴィンスキーのチャイコフスキー『後期3大交響曲集』を再検証する」を参照）。

解説書にはクレンペラーと『第9』に関連した翻訳が3点含まれるが、これはほかでは読めないものである。

・ブルックナー『交響曲第9番』／ヨセフ・カイルベルト指揮、ハンブルク国立フィルハーモニー管弦楽団（録音：1956年、発売：2009年9

月21日、GS-2039〔在庫なし〕）

　これはドイツ・テレフンケン（発売：1958年12月、SLT43043）のLP
から復刻したもの。解説書には特に書かなかったが、これにもムラヴィ
ンスキーのチャイコフスキー『後期3大交響曲集』の最初期のLPと
同じことが起きていた。つまり、このテレフンケン盤も周波数特性が
RIAAではなかったのである。最初は特に疑いもなくRIAAで収録し、
それでマスタリングを進め、いったん仮マスターまで作ってもらった。
ところが、聴いていてなんとなく違和感がある音だったので、RIAA
ではない方法で再度マスターを作ってもらったら、ぴたりと落ち着い
た音になった。ああ、やっぱりこれか、と納得したのだが、困ったこ
とに、どれを採用したのか、まったく覚えていないのだ。ただ、ムラ
ヴィンスキーとは違って、デッカではなかったと思う。AESか、
CCIRか。いずれにせよ、ステレオの初期もRIAAではない場合が多
いので、そのことは頭に入れておく必要があるだろう。

・クナッパーツブッシュ『ウィーンの休日』、J・シュトラウス、ツィ
ーラー、コムツァーク、ワルツ＆ポルカ集／ハンス・クナッパーツブ
ッシュ指揮、ウィーン・フィルハーモニー管弦楽団（録音：1957年、
発売：2009年10月28日、GS-2040〔在庫なし〕）

　イギリス・デッカのLP、SXL2016からの復刻。オリジナルはステ
レオ録音だが、このCDではコムツァークの『バーデン娘』、J・シュ
トラウス2世の『アンネン・ポルカ』『トリッチ・トラッチ・ポル
カ』の3曲のモノラル版（LXT5420から）をボーナス・トラックで加え
てある。その当時はステレオ盤よりもモノラル盤を高く評価する人も
多かったからだ。また、デッカの初期LPのなかには、ステレオとモ
ノラルが別テイクの曲もあるとうわさされている。

　このCDの解説書には当時、武蔵野音楽大学の客員教授だったクル
ト・グントナーのインタビューが掲載されている。グントナーはかつ
てバイエルン国立管弦楽団時代にしばしばクナッパーツブッシュの指
揮で演奏していたヴァイオリニストで、インタビューは舩木篤也に依

アラ・ソレンコワ（GS-2042）

頼した（私自身はグントナーには会っていない）。さすがにクナを直接知る人でなければならない内容で、とても貴重である。

なお、このインタビューは同内容のオープンリール・テープ復刻盤（発売：2012年10月20日、GS-2085〔在庫なし〕）にも再掲載している。近い将来、2トラック、38センチ、オープンリール・テープが手に入れば、この解説を再度使用して、最終形として復刻したい。

・『驚異のコロラトゥーラ・ソプラノ、アラ・ソレンコワ』、『何故に夜のふけるまで』、リムスキー＝コルサコフ『オリエンタル・ロマンス』、『なつかしきヴォルガ』、シューベルト『アヴェ・マリア』、『さくらさくら』、『箱根八里』ほか／アラ・ソレンコワ（ソプラノ）、エフゲニー・カンゲル（ピアノ）ほか（録音：1957年、発売：2009年12月11日、GS-2042〔在庫なし〕）

アラ・ソレンコワと言っても、現在、どれだけの人が反応するだろうか。なにせ来日したのは1957年の秋、そのときだけである。当時はかなり話題になったらしいが、それを知る人たちはかなり高齢だろう。

2005年7月、いまは閉鎖されている新世界レコード社からソレンコワの日本録音のアルバム『ソレンコワ・リサイタル』（SRCD0007）が発売された。1957年12月17日、ソレンコワは築地のビクター・スタジオでレコード録音をおこなったが、マスターテープはすでに失われていたため、新世界レコードはLPから復刻してCDを制作した。しかし、日本録音とうたってあるものの、このCDにはメロディア録音のオーケストラ伴奏の曲が入っていたり、逆に日本録音であるカンゲルの伴奏で歌ったアリャビエフの「うぐいす」が含まれていないなど、ちょっと不思議な内容だった。にもかかわらず、それ相応に売れたらしい。

　2007年7月、新世界レコードは突然閉鎖された。ちょうどそのころ、何のCDを制作していいのかアイデアに困っていたときに、はたとこのソレンコワを思いついた。以前は含まれていなかった「うぐいす」を加えて、日本録音の完全収録版とすればそこそこいけるような気がしたが、新世界レコードがCD化してから約4年後の発売には、ちょっと考えるところがあった。そこで、日本録音の完全版とするだけではなく、CD化されていないモーツァルトの「夜の女王のアリア」（『歌劇「魔笛」』より）など、いくつか加えてみることにした。ちょっとおっかなびっくりの発売だったが、するすると売れていって、完売してしまった。

　ソレンコワをあらためて聴いてみると、やはりいい声をしている。『さくらさくら』の巻き舌には恐れ入ってしまうが、そのピンと張った透き通る歌唱は当時話題になったことが理解できる。あと、「CDプレーヤーの故障か？」と、びっくりするような場面を含む曲もある。

　ところで、新世界レコード社は長く旧ソ連の国営会社メロディアの総輸入代理店として親しまれていて、1990年代には久々に再プレスされたフルトヴェングラーのメロディア盤を輸入・販売して話題になった（のちにCD化もされた）。とにかく、ロシア音楽ファンにとっては頼れる店だった。私は、91年にソ連が崩壊した影響で閉鎖されたものと思っていた。その影響も少なからずあったのかもしれないが、閉鎖の直接の原因は資金繰りを誤ったことにあるらしい。

・『クナッパーツブッシュ・コンダクツ・ブラームス』、ブラームス『ハイドンの主題による変奏曲』『大学祝典序曲』『悲劇的序曲』『アルト・ラプソディ』／ハンス・クナッパーツブッシュ指揮、ウィーン・フィルハーモニー管弦楽団、ルクレティア・ウェスト（アルト）（録音：1957年、発売：2010年1月26日、GS-2043〔在庫なし〕）

　地味な曲目であり、クナッパーツブッシュの演奏のなかでは穏健な部類に属するので、比較的最近まで在庫があったもの。LP復刻である。

解説には、1964年1月15日のクナッパーツブッシュのミュンヘンでの最後の演奏会を聴いた中野雄（音楽プロデューサー）の回想が掲載されている。この日は前半がR・シュトラウスの『交響詩「死と変容」』、後半がブルックナーの『交響曲第3番』だったが、CD化されているのは中野が聴いた日の翌日16日の演奏である。

　この解説も思い出話として読み応えがあり、原稿を依頼してよかったと思っている。ただ、この解説はできるならば、この日のブルックナーの『交響曲第3番』のCDに掲載してみたい。

・ベートーヴェン『交響曲第6番「田園」』『交響曲第7番』／カール・シューリヒト指揮、パリ音楽院管弦楽団（録音：1957年、発売：2010年4月2日、GS-2045〔在庫あり〕）

　順にフランスEMIのFALP575、FALP576のそれぞれ片面テスト・プレスLP盤からの復刻。驚いたのは『第7番』の第1楽章、第211小節から第216小節が欠落していたことである。この欠落盤は市場にも出回っていて、当時のイギリス「グラモフォン」誌でもこのことが指摘されている。なので、FALPのオリジナルLPを購入される方は、気をつけたほうがいい（欠落盤＝珍品、として逆にほしがる人もいるが、いくらオリジナルとはいえ、鑑賞用としては落第である）。もちろん、このCDでは欠落箇所を正常なLPで補ってある（GS-2063を参照）。

・ブルックナー『交響曲第5番』／ハンス・クナッパーツブッシュ指揮、ウィーン・フィルハーモニー管弦楽団（録音：1956年、発売：2010年5月18日、GS-2047〔在庫なし〕）

　GSシリーズ最初のテープ復刻で、アメリカ・ロンドンのLCL80103を復刻の素材として使用。オープンリールとはいえ4トラック、19センチのフォーマットであり、のちの2トラック・テープからの復刻とは音質の点では比較にならない。この音での再発売はありえないが、テープ復刻の第1弾として、自分には忘れがたいものである。

・ストラヴィンスキー『バレエ「春の祭典」』『組曲「火の鳥」』／ピエール・モントゥー指揮、パリ音楽院管弦楽団（録音：1956年、発売：2010年7月10日、GS-2049〔在庫なし〕）

『春の祭典』（ESC67）、『火の鳥』（BCS88）、それぞれアメリカRCAの2トラック、19センチのオープンリールからの復刻。全体の音は2トラックだから、4トラックのクナッパーツブッシュ指揮のブルックナーよりはしっかりした音質だが、ドロップアウトがやや目立つ。

　久しぶりに中身の解説を確認したが、木幡一誠による翻訳と使用楽譜についての考察は非常に貴重であり、力作である。近々、同じ組み合わせの2トラック、38センチ、オープンリール・テープを手に入れ、ここから復刻してこの解説を再使用したい。

・チャイコフスキー＆ブラームス『ヴァイオリン協奏曲』／ヤッシャ・ハイフェッツ（ヴァイオリン）、フリッツ・ライナー指揮、シカゴ交響楽団（録音：1955年、57年、発売：2011年8月20日、GS-2050〔在庫なし〕）

　アメリカRCAの2トラック、19センチ、オープンリール・テープからの復刻（チャイコフスキー：DCS-64 、ブラームス：ECS-4）。2本のテープは保存状態が非常によく、再生音もベストに近く、「こんなに音がいいのか」と直接・間接的に反響があった。

　このCDの解説には、ヴァイオリニストの漆原朝子によるエッセーが掲載されている。このエッセーには漆原がハイフェッツから学んだこと、ハイフェッツの弾き方の傾向、楽器の構え方と弓の持ち方の特徴、この2曲の協奏曲の聴きどころなど、ヴァイオリニストならではの視点で書かれていて、とても参考になる。

・『フランス管弦楽曲集』、ビゼー「カルメン」「アルルの女」、シャブリエ「気まぐれなブーレ」、ラヴェル「マ・メール・ロア」、ドビュッシー「イベリア」／ポール・パレー指揮、デトロイト交響楽団（録音：

ワルター／『新世界より』
（GS-2052）

1955-57年、発売：2010年8月4日、GS-2051〔在庫なし〕）

　アメリカ・マーキュリーの2トラック、19センチのオープンリール・テープMDS5-3、MS5-22、MBS5-8、以上3本から復刻したもの。アメリカはテープ大国だから、マーキュリー、RCA関連の2トラック、38センチのオープンリール・テープはかなり存在する。このCDにも沼辺信一による詳細な解説があるので、できれば38センチのテープにグレードアップした音質でこの解説を復活させたい。

・ドヴォルザーク『交響曲第9番「新世界より」』／ブルーノ・ワルター指揮、コロンビア交響楽団（録音：1959年、発売：2010年8月26日、GS-2052〔在庫なし〕）

　ワルターのオープンリール・テープは国内外ともに4トラック、19センチで発売されていたが、この『新世界より』は唯一の2トラック・テープ（LMB59）だった。ただ、同一演奏はのちに2トラック、38センチ、オープンリールからの復刻があるので（発売：2015年、GS-2129〔在庫なし〕）、この音での再発売はない。ただ、表紙の写真はなかなかいいと思っている。

・ショスタコーヴィチ『交響曲第5番』／レナード・バーンスタイン指揮、ニューヨーク・フィルハーモニック（録音:1959年、発売：2010年10月14日、GS-2054〔在庫なし〕）

　4トラックのテープから2トラックに移行しつつあるのに、ここでまた4トラックのテープ（アメリカ・コロンビア　MQ375）に戻っている。4トラックでも意外にいい音だと判断したから出したのだろうか。
　解説はスポーツライターであり、大のバーンスタイン・ファンである玉木正之に依頼した。同一音源による2トラック、38センチのオープンリール・テープ復刻（発売：2018年、GS-2195〔在庫あり〕）でも玉

木の解説を再使用している。

　なお、私と玉木の共著『図説 指揮者列伝──世界の指揮者100人』（〔ふくろうの本〕、河出書房新社、2007年）もあるので、よろしく。

・ブラームス『交響曲第1番』『大学祝典序曲』『悲劇的序曲』／ブルーノ・ワルター指揮、コロンビア交響楽団（録音：1959年、60年、発売：2011年3月29日、GS-2060〔在庫なし〕）

　アメリカ・コロンビアの4トラック、19センチのテープMQ337、MQ373を使用。No.18「伝説のプロデューサー、ジョン・マックルーアとの関わり」にもあるように、プロデューサーのマックルーアに第2楽章のヴァイオリン・ソロを誰が弾いていたのかを尋ね、彼が「イスラエル・ベイカー」と教えてくれたので、ジャケットに初めてソロ奏者の名前を入れておいた。のちに2トラック、38センチのオープンリール・テープ復刻も発売したが（発売：2016年、GS-2149〔在庫なし〕）、同様にベイカーの名前は記してある。

・ベートーヴェン『交響曲第8番』『交響曲第3番「英雄」』／カール・シューリヒト指揮、パリ音楽院管弦楽団（録音：1957年、発売：2011年6月4日、GS-2063〔在庫あり〕）

　GS-2045と同じく片面テスト・プレス盤からの復刻。この『第8番』もまた第251小節から第252小節のそれぞれ後半と前半が欠落している。このCDは余白があったので、この欠落をあえてボーナス・トラックとして付け加えた。この欠落はイギリス盤のXLP20022にも含まれていたという。

　それにしても、フランスの団体を起用しての最初のベートーヴェン全集にもかかわらず、2カ所も編集ミスを犯してしまうフランス人のいいかげんさには、あらためて驚いてしまう。

・『クナッパーツブッシュ・ポピュラー・コンサート』、チャイコフスキー『「くるみ割り人形」組曲』、シューベルト：『軍隊行進曲』ほか

クナッパーツブッシュ／グ
リンカ『「ルスランとリュ
ドミラ」序曲』(SP)

／ハンス・クナッパーツブッシュ指揮、ウィーン・フィルハーモニー管弦楽団（録音：1960年、発売：2011年7月6日、GS-2064〔在庫あり〕）

　イギリス・デッカのLP、SXL2239から復刻。ボーナス・トラックはSP復刻。ある人からの情報で、元NHK交響楽団のトランペット奏者・北村源三がウィーンに留学していたとき、クナッパーツブッシュを聴いて感激したということを知った。そこで、連絡を取って会いにいき、聞いた話をまとめたものを解説に掲載した。北村は1962年12月15日、ウィーン・ムジークフェラインザールでおこなわれたクナッパーツブッシュ指揮、ウィーン・フィルのハイドン『交響曲第88番』、R・シュトラウス『交響詩「死と変容」』、シューマン『交響曲第4番』を聴いている。留学当時に北村が師事していたウィーン・フィルのトランペット奏者はカール・ガヴァンダだったが、北村によるとガヴァンダはクナッパーツブッシュのことを「緻密で細かい練習をする人」と語っていたという。クナッパーツブッシュというとリハーサル嫌いの逸話は多いが、これは意外な話である。

　知っている人は知っているだろうが、SP録音のグリンカ『歌劇「ルスランとリュドミラ」』は超スローテンポの演奏。また、同じくSPのR・シュトラウス『交響詩「ティル・オイレンシュピーゲルの愉快ないたずら」』は、終盤にほど近いところでクナが突然テンポを落とすのだが、そのおかげでアンサンブルはめちゃくちゃになっている。常識的には完全な没テイクだが、普通の商品として売られていたのだから、なんとものんきな時代である（1929年録音）。

・『クナッパーツブッシュ・コンダクツ・ワーグナーII』『楽劇「トリスタンとイゾルデ」より前奏曲と愛の死』『ヴェーゼンドンクの歌』ほか／ハンス・クナッパーツブッシュ指揮、ウィーン・フィルハーモ

ニー管弦楽団、キルステン・フラグスタート（ソプラノ）（録音：1956年、59年、発売：2012年1月14日、GS-2072〔在庫あり〕）

　イギリス・デッカのLP、SXL2184、SDD212からの復刻。解説はかつてキングレコードから発売されたLP（SH-5216〜7、1966年2月新譜）に掲載されていた大町陽一郎の「クナッペルツブッシュの思い出」を、大町本人の許諾を得て転載した。クナッパーツブッシュの演奏会やリハーサルを何度も体験した人ならではの内容で、これまた貴重な文献である。

　昔のLPには「クナッペルツブッシュ」という表記が多かったが、最近は「クナッパーツブッシュ」で統一されいる。ただし、大町が語っていたところによると、当時は「みんな彼のことをクナッペルツブッシュと呼んでいた」らしく、解説では「クナッペルツブッシュ」を採用している。

　なお、その昔、おもにLPの解説では宇野功芳が、「くるりと聴衆のほうを向いて、いま間違えたのはこのワシだと言った」とか、「ベートーヴェンの『運命』の最後でテンポがあまりにも遅くなったので、途中でやめてしまった」とか、クナッパーツブッシュの逸話を何度も書いていたが、これらはほとんどすべて、かつて大町が書いたり語ったりしたことから借用したものである。

・シューマン『交響曲第4番』、チャイコフスキー『交響曲第6番「悲愴」』／ブルーノ・ワルター指揮、パリ・モーツァルト祝祭管弦楽団、ベルリン国立歌劇場管弦楽団（録音：1928年、24年ごろ、発売：2012年2月3日、GS-2073〔在庫なし〕）

　ともにSP復刻。シューマンは未発表のテイクを含んでいるが、ワルターの熱烈なファン以外にはあまり興味がないことかもしれない。『悲愴』はアコースティック（ラッパ吹き込み）録音で音質は期待できないが、若きワルターの表現ははっきりと聴き取れる。この音源はアメリカのコレクター（故人）から提供されたものだが、高域がジャリジャリしない、聴きやすい音質だと思う。

フレスティエ／『幻想交響
曲』（GS-2080）

・モーツァルト『交響曲第35番「ハフナ
ー」』『交響曲第41番「ジュピター」』／ブル
ーノ・ワルター指揮、コロンビア交響楽団
（録音：1959年、60年、発売：2012年4月28日、
GS-2077〔在庫なし〕）

　　アメリカ・コロンビアの4トラック・テー
　　プ、MQ436からの復刻。4トラックなので、
この音での再発売はない。ミソは解説で、エードリアン・ボールトが
ワルターについて語った、とても面白い話が掲載されている。これは
イギリスのボールト財団の許諾を得て掲載したもので、ワルター指揮、
モーツァルトの『交響曲第40番』『交響曲第41番「ジュピター」』（コ
ロンビア交響楽団、2トラック、38センチのオープンリール・テープから復刻、
発売：2017年、GS-2176）にも再使用したが、こちらも在庫がなくなっ
てしまった。

・ベルリオーズ『幻想交響曲』、ドビュッシー『交響詩「海」』／ル
イ・フレスティエ指揮、セント・ソリ管弦楽団（録音：1957年、55年、
発売：2012年6月29日、GS-2080〔在庫なし〕）

　　ベルリオーズはステレオ録音で、アメリカOmegatapeのST3013の
2トラック、19センチのテープから復刻。2トラックだから、音質は
申し分ない。セント・ソリとは録音専用の臨時編成団体だったようだ
が、詳細はどこを調べてもわからなかった。でも、いかにもその昔の
フランスのオーケストラらしく、とても明るくて独特の音色（特に管
楽器）がある。

『海』はモノラル録音でLPからの復刻。こちらも、むせかえるよう
な色彩感にあふれていて、この曲の最も魅力的な演奏の一つだと思う。
いわゆる知る人ぞ知る演奏なので、スピーディーに在庫がはけたわけ
ではないが、それでも完売したのは幸いだった。

・チャイコフスキー＆ブラームス『ヴァイオリン協奏曲』／ジャニーヌ・アンドラード（ヴァイオリン）、ハンス＝ユルゲン・ワルター指揮、ハンブルク・プロ・ムジカ交響楽団（録音：1957年、58年ごろ、発売：2012年8月25日、GS-2082〔在庫なし〕）

アンドラード／チャイコフスキー＆ブラームス『ヴァイオリン協奏曲』（GS-2082）

　これはいい思い出と苦い経験が重なった、忘れがたいものである。LPの復刻であり、しかもステレオと表示されてはいるものの、あまり広がりがない音質だが、解説書には思いきり力を入れた。

　アンドラードは1954年11月から12月にかけてフランス政府から派遣文化使節として来日した。このとき、写真家・丹野章がアンドラードを多数撮影していたのを知った。丹野の連絡先はすぐにわかり、早速連絡を取ったのだが、なんと、彼はアンドラードが来日した前後の写真の整理をちょうど終えたばかりだという。

　自宅におじゃまし、アンドラードのファイルを見せてもらったが、演奏中のものや歓迎会とおぼしきものなど、かなりの枚数があった。そのなかで解説書に使えそうなものを選び、紙焼きにして送ってもらうようにお願いし、その日は辞去した。

　数日後、丹野から写真が届き、それまでに入手していた日本公演のプログラムや、ジャック・ティボー指揮で協奏曲を弾いたプログラムなども合わせて、これでもかと豪華な解説に仕立て上げた。

　これだけ力を入れて作ったのだから、即座に爆発的に動くことはなくても、口コミで徐々に引きがあるのだろうと予想していた。ところが、売れ行きはとても鈍かった。それでも辛抱強く待っていたのだが、その忍耐も限界になって、ある日100枚だか200枚を叩き割って、燃えないゴミとして出してしまった（300枚だったかもしれない）。

　しかしながら、そのあとは少しずつではあるが在庫がはけていき、気がついたら残り1枚になっていた。そのとき自分でもはっとして、おかしい、もっと残っているはずだと思った。

ホルライザー／『ロマンティック』（GS-2088）

　叩き割ってゴミにしたという話をある店舗の担当者にしたとき、彼は「それは惜しいことをしましたね。女性ヴァイオリニストはね、少しずつでも売れていくものなんですよ」と言った。

　そうか、忍耐が足りなかったのだ。確かに、12ページの豪華解説書は簡単に作れない。一般の読者にはわかりづらいかもしれないが、制作コストの大半は解説書なのである。それに解説書のほうが、ときには音作りよりもはるかに手間がかかるのである。

　さて、未開封で保管してある最後の1枚、どうするか……。

・ブルックナー『交響曲第4番「ロマンティック」』／ハインリッヒ・ホルライザー指揮、バンベルク交響楽団（録音：1959年、発売：2012年12月8日、GS-2088〔在庫あり〕）

　ホルライザー（1913-2006）はウィーン国立歌劇場、ベルリン・ドイツ・オペラなどで来日の実績があるが、どんな指揮者か？と問われて即座に答えられる人は少ないと思う。

　これはアメリカSMSの4トラック、19センチのオープンリール・テープ、S41-Aからの復刻である（ステレオ）。原盤はアメリカ・ヴォックスのようで、SVBX5117（モノラル：BVX117）としてLP発売している。このテープをなぜ買ったのか、まったく記憶にない。しかし、演奏が予想外によかったので、売れないのを承知でCD化したようだ。

　最近は2トラック、38センチのオープンリールの音に慣れてしまったせいか、いま聴くとやや色あせた音質に思えるが、でもやはり演奏は非常にいい。力んでいなくて、とても古典的でふっくらと響き渡る。この当時のバンベルク響のローカルな味わいも、実になんとも言えない。2トラック、38センチのオープンリールが手に入れば、発売し直したいほどである。

　あと、このLPはこの曲の最初のステレオLPではないだろうか。そ

うでなければ、ワルター／コロンビア響が最初だろうか。これよりも古い、スタインバーク指揮、ピッツバーグ交響楽団で1956年のステレオ録音があるが、LP時代はモノラルだけの発売で、CD化された際に初めてステレオ版で登場している。

コック／ルクー『ヴァイオリン・ソナタ』（GS-2089）

・ルクー『ヴァイオリン・ソナタ』『ピアノ四重奏曲』／アンリ・コック（ヴァイオリン）、シャルル・ヴァン・ランケル（ピアノ）、ジャン・ロジステル（ヴィオラ）、リド・ロジステル（チェロ）（録音：1932年、33年、発売：2013年1月10日、GS-2089〔在庫あり〕）

「レコード芸術」（音楽之友社）の2021年5月号をパラパラとめくっていたら、がくぜんとした。「濱田滋郎先生を悼む」、記事には3月21日未明に急逝とある。知らなかった。このSP復刻盤の解説は濱田滋郎によるものだが、私は以前から、このCDを制作するのであれば、解説は濱田以外にはありえないと考えていたからである。

　私は大学卒業後、音楽雑誌の編集者として働き始めたが、そのとき「濱田さんの原稿を取りにいってくれ」と言われて初めて濱田に会った。以来、編集者と筆者という関係だったのだが、いちばん濃密だったのは、私が季刊「クラシックプレス」（音楽出版社、1999-2003年、14巻で終刊）を切り盛りしていたころである。「もっと知りたい、この作曲家」という連載で、毎回原稿を頂戴していた。この連載に限らず、濱田の文章は幅広い知識に基づき、平明で親しみやすく、なおかつ読み手を包み込むような説得力があった。だから、先ほどもふれたように、ルクーのCDは濱田の解説でなければならなかった。

　このCD化の源泉は、私の大学時代にあった。そのころ、なぜだか知らないけれどルクーの『ヴァイオリン・ソナタ』に夢中になっていた。聴いていたのはグリュミオー盤（フィリップス）である。その後、楽譜を手に入れたとき、さしあたり第1楽章はなんとなく自分でも弾

けるような気がした。そこで、当時習っていた先生に、次回の発表会ではぜひこれを弾きたいと申し出た。次に、ある女性に頼み込んで、ピアノ伴奏をしてもらった。

数年前、このときのカセットテープを久しぶりに聴いてみた。それは、頭がおかしくなるほどひどいものだった。例えば音程は高すぎる、低すぎるの連続で、要するにハーモニー感覚が全然だめなのである。いい恥を大勢の前でさらけ出したわけである（この流れについては、GS-2089のCDの「制作手記」でもふれている）。

この2曲はともにそれぞれの世界初録音である。ただ、私は『ヴァイオリン・ソナタ』のほうは一般に認知されているけれども、『ピアノ四重奏曲』の知名度が低いのが気になった。とはいえ、コックが弾いた別の作品はSP時代にはない。あるいは、同じルクーの『ヴァイオリン・ソナタ』を、例えば巌本真理のような別の奏者で組み合わせてもいいかとも考えた。たまたまある演奏会で濱田に出会った際、私が「『ピアノ四重奏曲』との組み合わせは、内容的にちょっと渋い印象を与えませんか？」と問うたら、濱田は『ソナタ』と『四重奏曲』以外の組み合わせは眼中にはないといわんばかりに、「いえ、絶対にそんなことはありません」ときっぱりと言いきった。でも、これで迷いは吹っ切れた。『ヴァイオリン・ソナタ』と『ピアノ四重奏曲』の組み合わせでいこうと。

『ヴァイオリン・ソナタ』の楽譜はすでに持っていたので問題はなかったが、『ピアノ四重奏曲』の楽譜が見つからず、ちょっと焦った。しかし、インターネットで公開されているのを見つけ、これで音の編集は安心してできるようになった。音質のほうは、もうちょっとだけ高域を削ってもよかったと思ったが、削りすぎると聴きやすくなる半面、音楽に勢いがなくなるので、針音はそこそこに残しておいた。コックのヴァイオリンは実に独特である。古めかしさを感じる人もいるだろうが、とても味わいがあって、好きである。

ふと思って、引き出しのなかを探していたら、この解説の著者校正のときに添付されていた濱田直筆の手紙が出てきた。そこには、以下

のように記してあった。

　　校正さっそく目を通させていただきました。『四重奏曲』のほう
　のフランス語カナ表記は、もしご必要ならばと記入しておきまし
　たのでよろしくご判断ください。なお、タイトル原文表記中、フ
　ランス語のアクセントが抜けていては問題だと思い、記入させて
　頂きました。これもよろしくお願いいたします。「制作手記」も
　読ませていただきました。「愛」によって成されたすばらしいお
　仕事に、いささかなりとお手伝いができましたこと、心より嬉し
　く存じます。余談ながら、かつてダリュス・ミヨーの自伝を読ん
　でおりましたところ、彼も若い頃、ルクーのソナタを夢中でひい
　た、とありました（もちろん、それ以来、ミヨーへの関心がぐっと深
　まりました）。

　短いながらも、濱田の誠実で思いやりあふれる人間性がうかがえる。
　なお、2015年11月1日に発行された新忠篤『オーディオ徒然草
弐』（アイエー出版、オンデマンド版）のなかに、アンリ・コックは地元
ベルギーでは「コッシュ」と呼ばれていたことが記されている。コッ
シュの呼び方については以前から諸説あり、このGS-2089の解説でも
濱田はいくつかの例をあげて「コックでいいのではなかろうか」と書
いている。
　付け加えると、コックはLP時代にルクーを再録音している。手元
にあるLPはLUMEN（LO.3-700）、ピアノはAndre Dumortier。組み
合わせはフランクの『ヴァイオリン・ソナタ』である。復刻CD（グ
リーンドア　GDCL-0049）もある。

・シューベルト『交響曲第9番「ザ・グレイト」』『交響曲第1番』／
ルネ・レイボヴィッツ指揮、ロイヤル・フィルハーモニック管弦楽団、
パリ放送交響楽団（録音：1962年、52年ごろ、発売：2013年4月13日、GS-
2093〔在庫なし〕）

CD制作手記

ともにLP復刻で、面白いのはステレオ録音の『ザ・グレイト』。とにかく、この竹を割ったような進軍はすさまじい。例えば、第1楽章の終わりの部分などは程度の差こそあれ、どんな指揮者であってもテンポを落とすのだが、このレイボヴィッツはまったくなし！　なお、レイボヴィッツの『ザ・グレイト』にはウィーン国立歌劇場管弦楽団（ウエストミンスター、録音：1958年）と録音したものもあるが、解釈の基本は同じだったと思う。

　この解説書には、イギリス・ユニコーン・レーベル（言うまでもなく、フルトヴェングラーの復刻盤で有名）の設立者ジョン・ゴールドスミスがレイボヴィッツの思い出話を寄稿してくれた。もちろんオリジナルで、ほかでは読めないものである。

・ブラームス『交響曲第1番』『ハイドンの主題よる変奏曲』／パブロ・カザルス指揮、プエルト・リコ・カザルス音楽祭管弦楽団、ロンドン交響楽団（録音：1963年、27年、発売：2013年7月9日、GS-2097〔在庫あり〕）
『交響曲』は2トラック、19センチのテープから復刻したライヴ録音。『変奏曲』はSP復刻で、この曲の世界初録音である。音楽祭でのライヴである『交響曲第1番』だが、当日のプログラムが入手できたのはうれしかった。参加メンバーはクリーヴランド管、シカゴ響などの首席クラスがずらり勢ぞろい。私はこのメンバー表をわざと掲載せずにおこうかとも考えた。そうするときっと、へただのアンサンブルが悪いだの、平気で書く人がいるからだ。でもまあ、それはやめておいた。音はモノラルだが、演奏はそれなりに個性的で、ちょっと普通でない箇所もある。でも、売れ行きはよくない。

・モーツァルト『ヴァイオリン協奏曲第3番』『ヴァイオリン協奏曲第5番「トルコ風」』ほか、ドビュッシー、フォーレ、ラヴェルの小品／ジャン・フルニエ（ヴァイオリン）、ミラン・ホルヴァート指揮、ウィーン国立歌劇場管弦楽団、ジネット・ドワイアン（ピアノ）（録

音：1952年、58年、発売：2013年8月24日、GS-
2099〔在庫あり〕）

フルニエ／モーツァルト
『ヴァイオリン協奏曲集』
（GS-2099）

　チェリストのピエール・フルニエの弟ジャ
ン・フルニエ（1911-2003）のソロ・アルバム。
協奏曲はウエストミンスターのLPからの復
刻。最初は初出LP、WL5187から音を採ろ
うと思ったが、これはゴーストが強烈だった。
プレスの関係かもしれないと思い、計4枚も
同じLPを用意したが、どれも同じだった。しかし、再発売の
XWN18549はゴーストはごくかすかに認められる程度。しかも、
WLは周波数特性がNAB、一方のXWNはRIAAでカッティングされ
ているので、こちらを復刻の素材にした。

　フルニエのソロは、とてつもなく優雅。これを聴いた知人が「こん
なに優雅なモーツァルトがあるなんて、知りませんでした！」とメー
ルをくれた。別の友人は「ウエストミンスターはワルター・バリリを
たくさん起用してソナタなんか録音してましたけど、フルニエでやっ
てくれたほうが、ずっとよかったと思いますよ」と言っていた。これ
には賛同できる。

　このCDではボーナス・トラックの日本録音が貴重である。曲目は
ドビュッシーの『レントより遅く』『亜麻色の髪の乙女』、フォーレの
『子守歌』、ラヴェルの『一寸法師』だが、これを収録した45回転盤
（日本ウエストミンスター　WF9001）は、中古市場でも超希少盤である。

　解説には当時日本ウエストミンスターに勤務していた今堀淳一が
「ディスク」（ディスク社）に寄稿した「フルニエ、ドワイアンの思い
出」を、遺族の許諾を得て掲載している。なかなかよくできたCDだ
と自負しているが、売れ行きはよくない。

・ブルックナー『交響曲第6番』／ヘンリー・スウォボダ指揮、ウィ
ーン交響楽団（録音：1950年、発売：2013年10月5日、GS-2100〔在庫あ
り〕）

スウォボダ／ブルックナー
『交響曲第6番』（GS-2100）

ウエストミンスターのLPからの復刻。「節目になる2100番に、ずいぶんと地味なものを出しましたね」。ある人がこう言ったが、確かにそうだ。もっと派手なものをと思ってはいたが、巡り合わせが悪かった。いずれにせよ、このスウォボダ盤がこの曲の初録音であることを知って以来、発売する時期をうかがっていた。しかし、目にするのは1枚に詰め込んだ再発売盤ばかりで、初出の2枚組み（第4面にはブルックナーの『詩篇第112番』と『詩篇第150番』を収録）はなかなか手に入らなかった。しかし、その後2枚組みもなんとか手に入り、状態もよかったので、早速作業に取りかかった。第3楽章がもったりと遅いのがいちばん特徴的だったが、全体の演奏は決して悪くない。

　苦労したのは表紙に使うスウォボダの顔写真だった。これが見つからない。さんざん探し回ってやっと手に入れたのが、お世辞にもきれいとは言いがたいものである。これに反応してくれたのが、かつてウエストミンスターのオリジナル・マスターテープの発見に寄与した石川英子だった。石川はレコード会社在籍中にウエストミンスターのCD制作を担当していた。いわく、「そういえば、編集作業をしていても、スウォボダの写真は見たことないです。よく見つけましたね」。

　地味な内容だったので売れ行きはゆっくりだが、それでもそろそろ品切れに近づいてきたのは幸いである。

・ベートーヴェン『ピアノ協奏曲第5番「皇帝」』、チャイコフスキー『ピアノ協奏曲第1番』／ウラディミール・ホロヴィッツ（ピアノ）、フリッツ・ライナー指揮、RCAビクター交響楽団、アルトゥーロ・トスカニーニ指揮、NBC交響楽団（録音：1952年、43年、発売：2014年2月13日、GS-2106〔在庫なし〕）

　シリーズ初のピアノ録音。『皇帝』は2トラック、19センチのテープ、RCAのTC4を使用。困ったのは組み合わせの演奏である。チャ

イコフスキーはLPからの復刻も考えたが、やはり両方テープ復刻の
ほうが望ましい。ただ、チャイコフスキーのテープも出ていたことに
は間違いないが、4トラック、9.5センチという、いわばお徳用テープ、
廉価盤しかなかった。売っていたのは知っていたが、いくらなんでも
復刻の素材には使えないだろうと思ってダメモトで買ってみたが、な
んとか使える状態だった。

　解説書には「Saturday Review」1960年4月30日号に掲載されてい
た「ホロヴィッツ・アット・ホーム」の翻訳を掲載している。

・ブラームス『交響曲第3番』、ワーグナー『歌劇「タンホイザー」
より序曲とヴェヌスベルクの音楽』『歌劇「さまよえるオランダ人」
序曲』『楽劇「パルジファル」』第1幕前奏曲よりリハーサル風景／ハ
ンス・クナッパーツブッシュ指揮、ベルリン・フィルハーモニー管弦
楽団、ウィーン・フィルハーモニー管弦楽団、ミュンヘン・フィルハ
ーモニー管弦楽団（録音：1944年、53年、62年、発売：2014年6月21日、
GS-2113〔在庫なし〕）

　ブラームスはメロディア、2曲の序曲はアメリカ・ロンドンのそれ
ぞれLP復刻。リハーサルの翻訳でちょっとしたことが起きた。私は、
このリハーサルの聴き取りと翻訳を明治大学の須永恆雄に依頼した。
クナの声ははっきりとしていて、翻訳は問題なく終わると思っていた。
ところが、意外に難物だったことが判明した。ある箇所がはっきりし
ないので、須永は同僚のネイティブ2人に尋ねたらしいが、2人とも
まったく違うことを言うので、どちらを信じていいのかわからなかっ
たということだ。

　そういえば、だいぶ前にチェリビダッケのリハーサル（DVD）の字
幕を担当した許光俊からも似たようなことを聞いた。やはり、ある箇
所でチェリがどちらの意味の言葉を発しているのか、何度聴き返して
もはっきりしなかったらしい。

　このときは、自分自身がのちにこの聴き取り事件に巻き込まれよう
などとは、まったく想像していなかった。それは、フルトヴェングラ

ーのベートーヴェン『交響曲第7番』の第2楽章のリハーサル（GS-
2130）（本書167ページ）を参照のこと。

・ベートーヴェン『交響曲第9番「合唱」』／アルトゥーロ・トスカ
ニーニ指揮、NBC交響楽団ほか（録音：1952年、発売：2014年8月2日、
GS-2114〔在庫なし〕）

　アメリカRCAの2トラック、19センチのオープンリール・テープか
ら復刻。制作手記で自分は「ため息が出るほど高かった」と書いてい
るが、いくらだったのか、さっぱり覚えていない。

　うれしかったのは、この録音に関する英語の記事を発見したことだ。
こういう、まさにどんぴしゃりの記事を見つけたときは幸運をかみし
める瞬間である。

　あと、聴きながら思ったのは、トスカニーニがかなりスコアに手を
加えているということだ。伝統的な改変だけではなく、あちこちに独
自のものが聴き取れる。

・ベートーヴェン『交響曲第1番』『交響曲第2番』（録音：1958年、59
年、発売：2014年8月28日、GS-2116〔在庫なし〕）
・ベートーヴェン『交響曲第4番』『交響曲第5番「運命」』（発売：
2014年9月20日、GS-2117〔在庫なし〕）、いずれもブルーノ・ワルター指
揮、コロンビア交響楽団

　ともに2トラック、38センチ、オープンリール・テープからの復刻。
音質はすばらしいと思うが、在庫がなくなってしまった。最近、ワル
ターのSACDハイブリッド盤が発売されたせいか、GSシリーズのワル
ターの中古盤を頻繁に見かける。まあ、最新リマスターと聴き比べ
て、それでこのGSは不要になり、処分したのだと思われる。

　きっと、処分した人はちょこっと聴き比べて売ってしまったにちが
いない。それはその人の勝手なので、こちらがとやかく言う筋合いは
ない。しかし、本当に最新リマスターがいいのか、もうちょっとじっ
くり比較してもいいとは思う。つまり、最新盤は概してハイ上がりな

音に作ってあって、CD盤を取り替えて聴くと、その瞬間にとてもインパクトがある音に感じられる。でも、しばらく聴いていると、なんとなく居心地の悪さを感じる場合が多い。最近、最新盤を手にした際に収納場所の関係もあって古いCDをまとめて処分したことがあったが、それをいまはとても後悔している。

　私はワルターのSACDハイブリッド盤は『ベスト・オブ・ブルーノ・ワルター』（ソニーミュージック　SICC10285）しか聴いていないが、音がどうのこうのと言う前に、とにかくこの真緑の盤が嫌いなのである。普通、レコード（CD）というものはレーベル面に曲目と演奏者が大きく書かれ、レーベルのロゴ・マークが入っている。もちろん、この緑盤にも入っているのだが、盤の外周に非常に小さく入っていて、とても認識しづらい。特にセット物だと、どれがどれだかわからない。使いにくいことはなはだしい。それに、見た目も非常に無機的な感じがする。

　また、私は確認していないが、この『ベスト・オブ・ブルーノ・ワルター』に収録されているベートーヴェンの『田園』（第1楽章だけ）と、『交響曲全集』（SICC10286〜94）に入っているものとでは音質がまったく異なっていて、これはどうしたことかとインターネット上で話題になっていた。

　マスタリングの過程でまったく異なった音になっているというのは、原音をかなり操作している証拠でもある。自分でもCDを制作していて、マスタリング前の音と、マスタリング後の音が大きく異なることはほとんどない。それと、過去に2回くらい仕事をしたことがあるエンジニアも「マスタリングの前と後で音の印象が大きく変わるのは、いいマスタリングとは言えない」と言っていた。

　そうなると、この『田園』のように、一般のリスナーにまでその違いがはっきりわかるとなると、ワルターの最新SACDは、相当にいじくり回された音と言える。きっと、オリジナルからは遠い音なのだろう。

　前置きが長くなってしまった。GS-2116、2117のCDの解説書には

ウィーン・フィルの第2ヴァイオリン元首席奏者だったオットー・シュトラッサーによる「ブルーノ・ワルター、謙虚なオールマイティ」（出典は「レコード芸術」1971年3月号、音楽之友社）を掲載している。シュトラッサーの文章はクナッパーツブッシュ（GS-2163）とフルトヴェングラー（GS-2119）にも使用しているが、これまた本当に読み応えがある内容で、ワルターに関する文献のなかでも、最もすばらしいものの一つだろう。

・レスピーギ『交響詩「ローマの松」』『交響詩「ローマの噴水」』、チャイコフスキー『序曲「1812年」』／フリッツ・ライナー指揮、シカゴ交響楽団（録音：1959年、56年、発売：2014年10月7日、GS-2118〔在庫なし〕）

　レスピーギが2トラック、38センチ、チャイコフスキーは2トラック、19センチの、それぞれオープンリール・テープからの復刻。特にレスピーギは、われながら非常にいい音だと思う。

　解説書のライナーの写真を見て、ある人がこう言った。「ライナーが笑っている写真は珍しいですね」。確かにそうかもしれない。笑った写真は2枚あり、キャベツ畑で作業しているものもある。

・ベートーヴェン『交響曲第4番』『交響曲第5番「運命」』／ヴィルヘルム・フルトヴェングラー指揮、ウィーン・フィルハーモニー管弦楽団（録音：1952年、54年、発売：2014年10月18日、GS-2119〔在庫なし〕）

　4トラック、19センチのテープによる「疑似ステレオ版」。昔から第4楽章で休符が短くなっていることでも知られているが、ここではそれをなんとか修正している。

　解説にはウィーン・フィルのオットー・シュトラッサーが書いた「フルトヴェングラー追想 尊敬と愛惜の念をこめて」（出典は「レコード芸術」1967年7月号、音楽之友社）を掲載している。著者の冷静な観察眼と深い愛情が感じられ、読んでいると演奏がいっそう味わい深くなりそうだ。

・ベートーヴェン『交響曲第3番「英雄」』『交響曲第7番 第2楽章』からリハーサル風景／ヴィルヘルム・フルトヴェングラー指揮、ベルリン・フィルハーモニー管弦楽団、ルツェルン祝祭管弦楽団（録音:1952年、51年、発売：2015年6月17日、GS-2130〔在庫なし〕）

フルトヴェングラー／『英雄』（GS-2130）

　ともに2トラック、19センチのオープンリール・テープからの復刻で、『英雄』は12月7日（ベルリン・フィル）の演奏。リハーサル（ルツェルン祝祭管）は冒頭部分がわずかではあるが、ほかのLPやCDよりも長く収録されている。

　このリハーサルだが、いままで一度も対訳というものを見たことがないので、この機会にぜひそれを解説に付けようと思い立った。でも、それだけでやめておけばいいのに、日本語訳だけでなく英語訳まで付けようとしたことで、思わぬ重労働を背負うことになった。

　まず、聴き取りはベルリンのオリヴァー・ヴルルに依頼した。ただ、オリヴァーは英語訳はちょっと自分にはできかねるということで、その人選に関してはロンドンのアラン・サンダースに助けを請うた。すると、アランは思わぬ人を見つけてきてくれた。指揮者ゲオルグ・ティントナー夫人のターニャである。私とターニャは、「クラシックプレス」2000年冬号（音楽出版社）の「ターニャ・ティントナー、夫を語る」の記事を依頼した際に「メールを送信しても、すぐに返信があるけど、あなたはいつ寝てるの？」なんて彼女から言われたほど、そのときは頻繁にメールを交わしていた仲だった。当時はまだ会ったことはなかったが、一度仕事をしたことがあるので、スムーズに翻訳がはかどるものと思っていた。

　ところが、オリヴァーからの聴き取り文をターニャに転送すると、いろいろとおかしいと思うところがあるので音を送ってくれないかと言われて、メールに添付して送信した。すると、山のように質問やら疑問点が寄せられた。「ここは、こうではなくて、こうではないかし

ら？」「ここは違うと思います。なぜなら、私の知り合いにネイティブがいて、彼はこう言っています」

そう言われるたびに、今度はそれをオリヴァーに伝える。もちろん、頭ごなしに「間違っている」とは言えず、「あちらがこんなふうに言っているけど、どうですか？」と伝える。その返答を今度はターニャに転送すると、これにまたターニャが納得しない。すると再度、オリヴァーに返して返答を待つ。それが解決すると、また別の質問がターニャから届く。またそれをオリヴァーに、おうかがいを立てる。これが延々と続き、オリヴァーがぶち切れてしまうか、あるいはターニャが「聴き取りは私のほうでやる」と言いだしてきやしないかと、ハラハラ、イライラ、頭をかきむしったり、パソコンの前で叫び声を出したりしていた。

だが、なんとかこの2人とのやりとり、ドイツ語と英語の対訳は終了し、並行して依頼していた邦訳（担当したのはクナのGS-2113と同じく須永恆雄）と合わせて完成にこぎつけた。

このCDは完全対訳が付いている点を考慮すると、単純に再プレスか、もしくはリマスターして新装再発売するか、どちらかを選択したいと思っている。

・バルトーク『弦楽器、打楽器とチェレスタのための音楽』、ドビュッシー『牧神の午後への前奏曲』、オネゲル『交響曲第3番「典礼風」』／エフゲニー・ムラヴィンスキー指揮、レニングラード・フィルハーモニー管弦楽団（録音：1965年、発売：2016年10月21日、GS-2154〔在庫なし〕）

このCDは実際の演奏順に曲を並べた唯一のもの。また、一部のCDにはドビュッシーのフルート・ソロがアレクサンドラ・ヴァヴィリナ・ムラヴィンスカヤ（ムラヴィンスキー夫人）と記されているが、これは誤りである。夫人本人にも確かめたところ、表示のDmitri Bedaが正しい。また、No.1「驚愕！　半音低いシュヴァルツコップの『4つの最後の歌』」でもふれているように、沼辺信一の解説が詳

細極まるものである。この解説を中古市場だけに限定するのは非常に惜しく、リマスターしてでも再発売したいところだが、売れ行きはそれほど芳しくなく、それを思うといささか二の足を踏んでしまう。

　でも、知っている人は知っているだろうが、特にバルトークとオネゲルのすさまじさは空前のものである。例えばバルトークだとライナー、ショルティ、オネゲルだとデュトワ、アンセルメなどの名前があがるが、ムラヴィンスキーのそれは目標の高さが全然違う。良識がある人は、この盤が手に入らなくても、ほかの盤ででも一度聴いてみてほしい。

・ベートーヴェン『交響曲第9番「合唱」』／ヴィルヘルム・フルトヴェングラー指揮、フィルハーモニア管弦楽団、ルツェルン祝祭合唱団、エリーザベト・シュヴァルツコップ（ソプラノ）ほか（録音：1954年、発売：2016年11月19日、GS-2157〔在庫なし〕）

　言わずと知れた、フルトヴェングラーの生涯最後の『第9』である。2トラック、38センチ、オープンリール・テープから復刻。2014年12月に、スイス放送所蔵のオリジナル・マスターを使用したSACDハイブリッド盤（キングインターナショナル／アウディーテ　KIGC17）が発売された。オリジナル・テープ、SACDハイブリッドとなると、当然勝ち目はない。でも誰かが、「フルトヴェングラー・ファンはなんでも買うから、そこそこ売れるんじゃないですか？」と言うので、すぐその気になってCDを制作した。

　そうしたら、その人物が言ったとおりするすると売れていって、気がついたら在庫がなくなっていた。こんなことだったら、もうちょっと多めにプレスしておけばよかったと後悔した。どこかのユーザー・レビューで「これまでの最高音質」というのを読んだ気がするが、聴き直してみると、確かに悪くない。聴きようによっては、アウディーテよりも上かも。近々、リマスターして再発売してもいいかもしれない。

・ベートーヴェン『交響曲第3番「英雄」』／ヴィルヘルム・フルトヴェングラー指揮、ウィーン・フィルハーモニー管弦楽団（録音：1952年、発売：2017年1月18日、GS-2158〔在庫なし〕）

　2トラック、38センチ、オープンリール・テープからの復刻。フルトヴェングラーの全録音のなかでもバイロイトの『第9』や戦後復帰後のベートーヴェン『第5番』などと並んで、最も有名な演奏だ。

　これはマスタリングの最中から「ずいぶんと音がいいな」と感じていたものである。実際、発売後は順調に売れ、一度再プレスしたと記憶している。再々プレスも考えたが、GS-2205の『第9』と同じように、テープを録音スタジオに持ち込んでマスタリングをやってもらったら、きっとさらによくなることは間違いない。問題は、それをいつやるか、である。

・シューベルト『交響曲第8番「未完成」』『交響曲第9番「ザ・グレイト」』／ヴィルヘルム・フルトヴェングラー指揮、ベルリン・フィルハーモニー管弦楽団（録音：1953年、発売：2017年2月9日、GS-2160〔在庫なし〕）

　2トラック、19センチのオープンリール・テープから復刻。音質はまずまず、だろうか。解説には、幻になったベルリン・フィルとの演奏会の予告を掲載した。そのなかにはスメタナの『歌劇「売られた花嫁」序曲』、ラヴェルの『ボレロ』などが含まれていたが、フルトヴェングラーの病気によってキャンセルされてしまった。1954年のことなので、もしもおこなわれていたら、録音された可能性は高かったはずである。

　どんな演奏になったのかは想像しても無駄だが、戦前、フルトヴェングラー指揮の『ボレロ』を聴いた近衛秀麿が、「フランス人も感心するくらいの見事な演奏だった」と語ってたのを思い出すと、やはり残念である。

・シベリウス＆ブラームス『ヴァイオリン協奏曲』／ジネット・ヌヴ

—（ヴァイオリン）、ワルター・ジュスキント指揮、イサイ・ドブロウェン、フィルハーモニア管弦楽団（録音：1946年、45年、発売：2017年4月4日、GS-2162〔在庫あり〕）

ロンズ・ヌヴー『ジネット・ヌヴー』（Rockliff, 1952）

　2トラック、38センチのオープンリール・テープから復刻。音もいいが、解説に掲載したジネットの母の手記「ジネット・ヌヴーの思い出」がいたく心を打つ。母はジネット、そしてピアニストである息子のジャンも同時に、まったく突然に失ったわけだが、その悲しみを抑え、冷静に子どもたちの成長過程を追っている。ある意味、刻印された演奏以上に感動的とも言える。

　これも、見つけてよかったと思う文献の一つである。

・ワーグナー『楽劇「ワルキューレ」第1幕全曲』／ハンス・クナッパーツブッシュ指揮、ウィーン・フィルハーモニー管弦楽団ほか（録音：1957年、発売：2017年4月19日、GS-2163〔在庫なし〕）

　2トラック、38センチ、オープンリール・テープからの復刻。これを聴いたとある人が、「SACDよりも音がいいというのは、どういうことでしょうか？」と尋ねてきた。うーむ。こちらとして、特に音をよくしてやろうとか、何か手を加えて驚かせようという意図はまったくない。とにかく、テープに刻まれた音を忠実に引き出しただけなのだが。

　解説にはウィーン・フィルの第2ヴァイオリンの元首席奏者、オットー・シュトラッサーが書いた「クナッパーツブッシュとの出会い、それから」（出典は「レコード芸術」1972年5月号、音楽之友社）を掲載している。この文章はクナッパーツブッシュの音楽、人間性を実に的確に捉えたもので、最も重要な文献の一つと言えるだろう。

　これを最初に掲載したのはLP復刻のGS-2033（発売：2009年）だが、

この貴重な文献を生かすためにも再プレスか、リマスターによる再発売か、できれば後者をやってみたいと考えている。

・ブルックナー『交響曲第7番』／ブルーノ・ワルター指揮、コロンビア交響楽団（録音：1961年、発売：2017年11月2日、GS-2173〔在庫なし〕）

　2トラック、38センチのオープンリール・テープから復刻。日本コロムビアはLPの普及を推進するため、1957年8月にコロムビアLP愛好会を発足した。役員は10人で、評議員には作家の大岡昇平、由起しげ子、五味康祐、俳優の佐田啓二、山本富士子、名誉会員には作曲家の山田耕筰ほか、太田黒元雄、堀内敬三、野村胡堂、野口久光などの名前がある。

　総本部は千代田区（当時）の日本コロムビアにあったが、北海道、東北、関東、中部、関西、九州にも各本部があった。コロムビアLP愛好会の会長には加賀前田家第17代当主の前田利健（1908-89）が就任していた。前田は1961年8月からドイツ、イギリス、フランス、オランダ、アメリカを訪問し、同年11月にはカリフォルニアのブルーノ・ワルター宅を訪問している。

　前田は愛好会の会報誌「ECHO」1961年冬号に「前田会長の80日間世界一周」という報告文をしたためていて、ワルターと面会したときのことについてふれている。とにかく、カリフォルニアのワルター宅を日本人が訪れていたことなど、一般にはほとんど知られていなかったのではないだろうか。

　この解説書には前田が撮影したと思われる写真（カラー）を掲載しているが、これはワルターの最後の写真の一つではないだろうか（翌1962年の2月にワルターは他界）。

・ブラームス『交響曲第2番』、ウェーバー『歌劇「魔弾の射手」序曲』／ヴィルヘルム・フルトヴェングラー指揮、ベルリン・フィルハーモニー管弦楽団、ウィーン・フィルハーモニー管弦楽団（録音：

1952年、54年、発売：2018年9月1日、GS-2189
〔在庫あり〕）

　交響曲は2トラック、38センチ、序曲は2
トラック、19センチのそれぞれオープンリ
ール・テープから復刻。フルトヴェングラー
は生前、ブラームスの交響曲は『第1番』
（HMV／EMI）と『第2番』（デッカ）のそれぞ
れSP録音しか残していなかった。しかし、

マルツィ／バッハ『無伴奏
ソナタとパルティータ』全
曲（GS-2193-94）

1959年、EMIは既存の『第1番』に加え、放送録音を使用した『第2
番』『第3番』『第4番』とでブラームスの『交響曲全集』を大々的に
宣伝した。しかし、待てど暮らせど『第2番』は発売されず、EMIに
よる全集は幻になった。

　この解説書では、制作者自身がこの経緯について可能なかぎり調べ
上げた。読み物としてもなかなかいいと自負している。

　ウェーバーは、1954年のザルツブルク音楽祭でのライヴ。このと
き、私は手元にあるオープンリール・テープは一部に欠落があると信
じていたので、序曲だけをボーナス・トラックに付け加えた。すると、
「この音で全曲を聴きたい、CD化してほしい」という声が複数寄せ
られた。その後、調べてみたところ、テープには欠落はなく全曲が収
録されていることが判明し、2020年に制作に取りかかることになる
（GS-2225/6を参照）。

・バッハ『無伴奏ヴァイオリンのためのソナタとパルティータ』（全
曲）／ヨハンナ・マルツィ（ヴァイオリン）（録音：1954年、55年、発売：
2018年12月19日、GS-2193/94〔在庫あり〕）

　この演奏の2トラック、38センチ、オープンリール・テープがあっ
たので、思わず買ってしまった。しかし、しばらくの間、発売するか
しないか悩んでいた。復刻盤はすでにいくつか発売されているし、発
売するとなると2枚組みにして、しかも価格を抑えなくてはならない。
まあ、もうけにならなくても仕方がない、そんな気分で準備した。

グールド／バッハ『ゴルト
ベルク変奏曲』（GS-2200）

　ところがふたを開けてみると、初回のオー
ダーで在庫がほとんど全部はけるほどの注文
が舞い込んだ。びっくりしたけれど、発売と
同時に品切れはよくないので、直ちに再プレ
スを依頼した。再プレスをすると、なぜか突
然動かなくなることが何度もあったが、これ
はその後も順調に売れていき、2021年5月に
も追加プレスをおこなった。確かにいい演奏
だとは思った。けれど、まさかここまでとは。

　このように順調に売れるCDはレーベル維持のために絶対に不可欠
である。本当はジャン・フルニエのモーツァルト、レイボヴィッツの
シューベルト『交響曲第9番「ザ・グレイト」』、ガウクのチャイコフ
スキー『交響曲第6番「悲愴」』など、知る人ぞ知るような演奏を中
心に発売したいのだが、これだと資金の回収に時間がかかりすぎてレ
ーベルの維持が困難になる。だから、フルトヴェングラーのように確
実に在庫が推移するものをいくつか発売しながら、安定した動きをと
らなければならない。

　なお、GRAND SLAMレーベルとアルトゥスレーベルのそれぞれ
創立20周年の記念リリースということで、タワーレコードから2020
年6月にSACDシングルレイヤー（GATKSA-2001）としても発売して
いる。

・バッハ『ゴルトベルク変奏曲』／グレン・グールド（ピアノ）（録音：
1955年、発売：2019年5月15日、GS-2200〔在庫なし〕）
　GS-2100はスウォボダ指揮のブルックナー『交響曲第6番』という
地味な内容だったが、2200のほうは有名な演奏になったのは、ひと
まず安堵した。
　これも2トラック、38センチのオープンリール・テープからの復刻
だが、テープを手に入れてから悩みに悩んだ。解説をどうするのか。
誰に依頼したらいいのか。あるいは、未発表、ないしはほとんど知ら

れていない文献は存在するのか。そもそも、自分は決してグールドの熱心な聴き手ではない。むしろ、グールドに対しては否定的だと言ってもいい。つまり、彼が聴衆と空間を共有しない・できないことに、ちょっと違和感を感じるからだ。

　とは言うものの、この演奏が歴史的録音のなかでも最も有名なものの一つであることは疑いがない。そこで、私はこの演奏が日本ではどういうふうに受け止められていったか、それに焦点を絞って、ありとあらゆる文献をひっくり返した。とにかく、グールドが日本国内で本当の意味で認知されるのには、約10年もかかっているのである。

　結果、これまでには類例がない、なかなか読み応えがある解説書が完成したと思っている。畏友・沼辺信一が「よくここまで調べましたね。立派です」とメールをよこしてきたのには、苦労が報われた気がした。

　音質について伝えておきたいこともある。すでに聴いた人はわかるだろうが、このCDの音は異様とも言えるくらいに生々しい。そこで、マスタリング・エンジニアは基本的に原音に忠実なものと、ごく一般的におこなわれているような音質調整を施したもの、この2つを作ってくれた。まあ言うならば、制作者が好きそうな音と、エンジニアが好きな音、このどちらかを選んでほしいということである。聴いてみて、エンジニアの好みの音も、なるほどと理解できる。これはこれで悪くない。しかし、これだと既存のCDと大差がなくなるので、原音に忠実なほうを採用した。

・チャイコフスキー『交響曲第6番「悲愴」』『バレエ「白鳥の湖」』より「情景」「ワルツ」、グラズノフ『バレエ「ライモンダ」』より「スペイン舞曲」／アレクサンドル・ガウク指揮、レニングラード・フィルハーモニー管弦楽団（録音：1958年、発売：2019年5月15日、GS-2201〔在庫あり〕）

　1958年春、旧ソ連からレニングラード・フィルハーモニー管弦楽団が初来日し、当時は大変な話題になった。

ガウク／チャイコフスキー
『悲愴』（GS-2201）

　このツアーの終盤近くの1958年5月12日、日比谷公会堂でおこなわれたチャイコフスキーの『悲愴』ほか、3曲のアンコールがライヴ録音された。これは、外来オーケストラによるレコード用の最初の録音という記念すべきものである。録音の2カ月後、『悲愴』は30センチのLP（PLS-44）で、アンコール3曲は45回転盤（PEV-65）で発売された。しかし、これ以降、これらのかけがえのない記録は「ただの一度も」再発売されることなく、時が過ぎていった。

　当時の雑誌を調べてみて、再発売されなかった理由がわかった。どの雑誌もとにかく「日比谷公会堂の音響が悪すぎる」と酷評していて、確かにこれだけ大勢が口をそろえて悪口を言ったのならば、浮かばれなかったのは仕方がないことかもしれない。あと、批評ではふれていないが、そもそもこのツアーはムラヴィンスキーが来るはずで、代役だったガウクに対する落胆もあったと思う。

　その後、四方八方手を尽くして入手を試みたが、全然出てこない。しかし2014年8月3日、やっと『悲愴』だけは見つかった。状態はとてもよくないが、さしあたりどんな演奏内容なのかを知りたくて購入した。

　確かに音は硬い。それに、聴衆のノイズを気にしてなのか、マイクがちょっと遠い感じもする。でも、クソミソに言うほどにひどいとも思わなかった。だから、それほど売れなくても、歴史的な記録として近い将来CD化すべきだと考えていた。

　しかし、復刻に使用できる程度の『悲愴』のLPは手に入らないし、アンコールの45回転盤は中古市場でも超入手難の一つとして知られている。そこで私は「無線と実験」（誠文堂新光社）の隔月の連載「オーディオを超える名盤名演奏」で、このガウクのLPについて書いた（2014年10月号）。これはちょっとためらった。なぜなら、「お貸ししましょうか」という人が現れるのではないかという下心が見え見えだか

らだ。しかし、結局手を挙げた人はいなかったので、これは自分で探せということだと諦め、さらに捜索を続けた。このころ、知人にちょっとこのことを話したら、「『悲愴』だけCD化でもいいんじゃないの？」と言われたけれども、アンコールも発売されたことを知ってしまった以上、完全版で出す以外にはないと判断した。

　前後関係はちょっと忘れてしまったが、出所不明のCD-Rで『悲愴』だけが売られているのを知った。ディスク化するネタとしては悪くないと思った人は、どうやらほかにもいたようだ。いちばん恐れていたのは、誰かが先に『悲愴』だけでCDを作ってしまうことである。こうなると、いくらこちらが「アンコールも含めた完全版」とうたったところで、二番煎じのそしりはまぬがれない。とにかく、急ぐ必要を感じ始めたころ、とうとうアンコール曲の45回転盤を手に入れた。で、早速、制作に取りかかった。

　解説に掲載する写真などはあらかじめ準備しておいたので、そちらの手間はさほどではなかった。とにかくまず驚いたのが、45回転盤の完全な誤記だった。表記だと3曲は『白鳥の湖』からとなっていたが、なんと、「スペイン舞曲」はグラズノフの『ライモンダ』なのである。いくら当時はレコードや資料が乏しかったとはいえ、新世界レコードはロシア音楽専門の会社である。しかも、レコード制作にあたっては関係者が何度も演奏会を聴いていたはずである。もちろん、この間違いを指摘している雑誌の記事もない。

　もう一つは『悲愴』のピッチである。LPから音を採っていて、なんとなく違和感を感じていたのだが、その原因はちょっと高いピッチにあった。幸いにもレニングラード・フィルの『悲愴』の録音にはデータが近接したムラヴィンスキーの2種の録音（モノラル、ステレオ）がある。これらと比較すると、このPLS-44は明らかに高い。原因はわからない。おそらくはカッティングの際の不手際ではなく、テープレコーダーによるものと思っている。

　このCDはそれほど売れてはいないが、曲目の誤記と『悲愴』のピッチを正してCD化できたことには満足している。

デュ・プレ／エルガー＆ディーリアス『チェロ協奏曲』（GS-2203）

・モーツァルト『交響曲第41番「ジュピター」』『アイネ・クライネ・ナハトムジーク』／カール・ベーム指揮、ウィーン・フィルハーモニー管弦楽団（録音：1944年、発売：2019年5月18日、GS-2202〔在庫あり〕）

　第三帝国放送（RRG）による収録のようだが、当時としては破格に音質がいい。初出はアメリカ・ヴォックス（PL7760／1952年）だが、国内では1971年に日本コロムビアから初めて発売された（発売：11月25日、HR1038）。LP時代に宇野功芳が絶賛していたが、確かにこの演奏は突然変異的に甘美なもので、ウィーン・フィルのむせかえるような音色が強烈である。ベームは49年に『ジュピター』を同じウィーン・フィルと録音しているが、解釈はごく標準的である。まさか、こんな演奏の2トラック、38センチのオープンリール・テープがあるとは思わなかったが、これは私が好きな演奏の一つでもあり、カタログに加えることができたのはうれしかった。

・エルガー＆ディーリアス『チェロ協奏曲』／ジャクリーヌ・デュ・プレ（チェロ）、ジョン・バルビローリ指揮、ロンドン交響楽団、マルコム・サージェント指揮、ロイヤル・フィルハーモニー管弦楽団（録音：1965年、発売：2019年8月10日、GS-2203〔在庫あり〕）

　2トラック、38センチ、オープンリール・テープからの復刻。音質には満足しているが、このCDはなんと言っても沼辺信一による解説がすごい。まず、デュ・プレの履歴に関することから、これらの録音についての周辺事情について、これだけ詳しく書いた例は皆無だと思う。さらに、自称「デュ・プレの追っかけ」だった沼辺は、来日を果たしながらもキャンセルになった公演の関連資料（チラシ、プログラム、曲目出演者変更の告知、来日記念盤など）をことごとく収集していて、それをこの解説のために提供してくれた。すべてを出しきったようなこ

とを彼は言っていたが、これこそ渾身の解説書である。音質もさることながら、解説書に力を入れていることを売りにしているシリーズとして、誇れる内容だと思う。

　解説書のページ数が多いので（12ページ）、在庫がなくなったら再プレスは非常に難しい。

フルトヴェングラー／ベートーヴェン『交響曲第9番「合唱」』（GS-2205）

・メンデルスゾーン＆ブラームス『ヴァイオリン協奏曲』／ジョコンダ・デ・ヴィート（ヴァイオリン）、ヴィルヘルム・フルトヴェングラー指揮、トリノ・イタリア放送交響楽団（録音：1952年、発売：2020年4月17日、GS-2204〔在庫あり〕）

　2トラック、38センチ、オープンリール・テープから復刻。音質は既存のものよりよかったが、ピッチに難があった。細かいことは忘れてしまったが、特にブラームスでは第1楽章と第2楽章以降でもピッチの違いがあって、その調整に若干手間取った。ただ、このようなことは、歴史的録音にはよくあることである。全体的には、非常にいい音に仕上がった。

　解説書にはデ・ヴィートとフルトヴェングラーが私的に演奏したブラームス『ヴァイオリン・ソナタ』に関して、あまり知られていない話を記しておいた。

・ベートーヴェン『交響曲第9番「合唱」』／ヴィルヘルム・フルトヴェングラー指揮、バイロイト祝祭管弦楽団、同合唱団ほか（録音：1951年、発売：2019年6月28日、GS-2205〔在庫あり〕）

　言わずと知れたバイロイトの『第9』である。この演奏は過去にLP復刻（ALP1286/7を使用、発売：2005年12月21日、GS-2009〔在庫なし〕）、2トラック、38センチ、オープンリール・テープからの復刻（発売：2015年12月26日、GS-2142〔在庫なし〕）と2度おこなっている（これ以外に疑似ステレオのGS-2084もあった）。

　このGS-2205は同じく2トラック、38センチのオープンリール・テ

ープを使用したものだが、GS-2142が自宅のテープレコーダーで再生してマスタリングをおこなったのに対し、こちらはテープを録音スタジオに持ち込み、すべてのマスタリング作業をプロ用の機器でおこなった。自宅で録った音でも十分だと思ったが、さすがにプロ用の機器の音は次元が違った。まず音全体は引き締まっていて明瞭になり、気品さえ感じさせる。前後左右の広がりにも余裕があり、残響音も最後まできちんと聴き取れる。もちろん、テープから音を取り込むだけでも費用はかかるが、一度この音質に慣れると、後戻りができない。おかげで順調に売れていて、レーベル運営にとっては非常にありがたい1枚である。

　しかし、なかにはいまだにLPから復刻したGS-2009が最高と言う人もいる。これは、多少なりとも理解できる。LPにカッティングされた音はダイナミック・レンジを圧縮してあるが、こうすると弱い音が強めに響いて、聴き方によってはすごく力強く激しい印象を与える。しかし、例えば冒頭部分を聴き比べてみると、LP復刻のGS-2009はやや強い音で始まるが、その後のクレッシェンドは途中で頭打ちになっているのがわかる。一方、テープ復刻のGS-2205はより実際の音に近い、余裕があるレンジで鳴り響く。

　GS-2009の音が好きな人は、GS-2205を聴くと芯がない茫洋としたものに感じるかもしれない。ただ、どんなCDを作ったところで、購入者全員が満足することは、きっとないと思う。

・ベートーヴェン『交響曲第3番「英雄」』、シューベルト『交響曲第8番「未完成」』／アルトゥーロ・トスカニーニ指揮、NBC交響楽団（録音：1953年、50年、発売：2019年8月31日、GS-2206〔在庫あり〕）

　2トラック、38センチのオープンリール・テープから復刻。ライヴの『英雄』は自分が好きな演奏で、それを残しておきたくてこのCDを作った。

　解説書には、かつてトスカニーニの指揮で歌ったことがある松岡宏子が書いたものを掲載した。フルトヴェングラーと実際に会ったり、

リハーサルを見学したりした日本人の印象記というものはいくつか知られているが、同様の例でトスカニーニというのは非常に珍しい。文章の内容は決して深いものではないが、トスカニーニに対する書き手の素直な心情が汲み取れて、なかなか気持ちがいい。

・ベートーヴェン『ヴァイオリン・ソナタ第9番「クロイツェル」』『ヴァイオリン・ソナタ第10番』／ダヴィッド・オイストラフ（ヴァイオリン）、レフ・オボーリン（ピアノ）（録音：1962年、発売：2019年10月18日、GS-2207〔在庫あり〕）

　2トラック、38センチ、オープンリール・テープから復刻。このコンビの全集のテープが入手可能であることを知ったものの、さすがに『ヴァイオリン・ソナタ全集』を出すだけの勇気はない。なので、CD2枚分として『第5番「春」』『第7番』『第9番「クロイツェル」』『第10番』の4曲のテープを仕入れた。

『春』と『クロイツェル』の黄金カップルでいくこともできたが、『第7番』だっていい曲だし、『第10番』は非常に好きな作品なので、この2曲の組み合わせになった。いずれは『春』＋『第7番』で出そうと思っているが、解説書のネタに困っている。

・ブラームス『交響曲第4番』『交響曲第1番』（録音：1951年、発売：2019年11月9日、GS-2208〔在庫あり〕）、ブラームス『交響曲第3番』『交響曲第2番』（録音：1952年、発売：2019年11月20日、GS-2209〔在庫あり〕）、いずれもアルトゥーロ・トスカニーニ指揮、NBC交響楽団

　2トラック、38センチ、オープンリール・テープから復刻。音には満足しているが、「トスカニーニ夫妻」という珍しい文献を2枚のCDに分割して掲載できたのがうれしかった。これはトスカニーニ家の日常を描いたもので、訳にはいささか古めかしいところがあるものの、ユーモアにあふれていて面白い。

・ブルックナー『交響曲第7番』／ヴィルヘルム・フルトヴェングラ

ー指揮、ベルリン・フィルハーモニー管弦楽団（録音：1949年、発売：2020年6月4日、GS-2210〔在庫あり〕）

　ゲマインデハウスでの放送録音で、2トラック、38センチ、オープンリール・テープから復刻。ベルリン・ダーレム地区にあるゲマインデハウスは、戦後間もなくベルリン・フィルがリハーサルや放送録音用として使用していた施設である。2012年秋にベルリンを訪問した際には建物の外観しか見ることができなかったが、19年9月の再訪時にはベルリン在住のオーボエ奏者・渡辺克也の多大な協力によって内部をくまなく見ることができただけではなく、普段は入れない場所までも見学できたのである（解説には内部の写真を掲載）。

　建物内のグローサーザール（大ホール）は、やや小ぶりな体育館という感じだった。あちこちに手直しをした跡がうかがえるものの、全体的にはほとんど当時と変わらないような気がした。教会の施設なので特に防音設備はなく、例えば、演奏中に車のクラクションなどの音（目の前には車の通る道がある）で中断したことはなかったのだろうかと思った。

　周囲は基本的に非常に静かであり、特に新しい感じの建物はないので、風景はフルトヴェングラーとベルリン・フィルが使っていたころとほとんど同じかもしれない。

・ベートーヴェン『ヴァイオリン協奏曲』、ショーソン『詩曲』／ジネット・ヌヴー（ヴァイオリン）、ハンス・ロスバウト指揮、南西ドイツ放送交響楽団、イサイ・ドブロウェン指揮、フィルハーモニア管弦楽団（録音：1949年、46年、発売：2019年12月21日、GS-2213〔在庫なし〕）

　2トラック、38センチ、オープンリール・テープから復刻。ベートーヴェンがライヴ、ショーソンはHMVのスタジオ録音。

　前述の2019年9月はベルリンをたったあと、パリに赴いた。目的はヌヴーの墓参りである。墓の写真を解説に掲載したかったからだ。ヌヴーが眠っているのはペール・ラシェーズ、空港に置いてある地下鉄路線図にも大きく出ている墓地である（実際、とんでもなくデカい）。こ

ヌヴーの墓（2019年9月、筆者撮影）

ヌヴー／ベートーヴェン
『ヴァイオリン協奏曲』
（GS-2213）

こにはロッシーニ、ショパン、マリア・カラス、エディット・ピアフ、ウジェーヌ・ドラクロワ（画家）、オスカー・ワイルド（作家）など、著名人が多数埋葬されていて、有名な観光スポットでもある。日曜日の午前中、墓地の入り口に到着。早速、ヌヴーの墓の場所を英語で尋ねたのだけれども、フランス語でまくしたてる係員にうんざりしながら、なんとかヌヴーの墓にたどり着いた。解説にも書いたが、ショパンの墓のすぐ近くにあるので、掲示板でショパンの墓の位置を確認し、それを目指せば間違いない（ヌヴーは掲示板にはない）。

　ヌヴーは30歳で、ピアニストの兄ジャンとともに突然の他界。なんとも言いがたい気持ちで、しばらくヌヴーの墓の前で立ちすくんでいた。

・ベートーヴェン『ヴァイオリン協奏曲』『「エグモント」序曲』、プフィッツナー『歌劇「パレストリーナ」より3つの前奏曲』／ヴォルフガング・シュナイダーハン（ヴァイオリン）、ヴィルヘルム・フルトヴェングラー指揮、ベルリン・フィルハーモニー管弦楽団（録音：1953年、47年、49年、発売：2020年4月17日、GS-2214〔在庫あり〕）

　協奏曲が2トラック、38センチ、それ以外の2曲は2トラック、19センチのそれぞれオープンリール・テープからの復刻。『「エグモント」序曲』でおやっと思ったことが起こった。これはNo.4「悪用されているデジタル技術」でもふれているが、もとのテープのピッチがやや高かったので、エンジニアに依頼して1パーセントだか1.5パーセント

だか、下げてもらった。ところが、やり直してもらったものの総演奏時間と、修正前のそれとがまったく同じだったのである。言うまでもなく、ピッチを下げれば、わずかに演奏時間は長くなる。これについて尋ねてみたら、「最近は、ピッチを変えても演奏時間はそのままにしてほしいという要望が多いんですよ」とのこと。むろん、いまの技術ではそのようなことが可能なのは知っているが、要望が多いということは、世の中にはそうした演奏があふれているということになる。本当に、これでいいのだろうか。

・ベートーヴェン『「コリオラン」序曲』、シューベルト『交響曲第9番「ザ・グレイト」』／ヴィルヘルム・フルトヴェングラー指揮、ウィーン・フィルハーモニー管弦楽団（録音：1951年、53年、発売：2020年3月27日、GS-2216〔在庫あり〕）

　2トラック、38センチ、オープンリール・テープからの復刻。このCDでもマスタリングに関しての、エンジニアの考え方を学んだ。同じオーケストラではあるけれど、『「コリオラン」序曲』（ミュンヘン、ドイツ博物館、コングレスザール）と『交響曲第9番「ザ・グレイト」』（ザルツブルク祝祭劇場）の収録場所、収録放送局も異なっていて、結果として音質の差がやや大きい2曲が並んでしまったのである。こうした場合、続けて聴いてなるべく違和感がないように、エンジニアは音をならすのが一般的である。ただ、私自身がいつも「原音忠実主義」と言っているので、エンジニアは原音を尊重したものと、聴きやすく音を調整したものの2種類の試聴盤を届けてくれた。

　これまた、エンジニアがやったことは理解できるし、確かに音をならすことのメリットも感じる。しかし、何度か聴き直して、やはり原音に近いものを選んだ。あらためてこの音で聴いてみると、この2曲はなかなかにすさまじい演奏だ。ともに大戦中のベルリン・フィルのライヴも存在し、あちらは狂気をはらんだ内容だが、これら2種類も決して負けていないと思う。

・ブルックナー『交響曲第9番』／ヴィルヘルム・フルトヴェングラー指揮、ベルリン・フィルハーモニー管弦楽団（録音：1944年、発売：2020年6月12日、GS-2220〔在庫あり〕）

　もとは2トラック、19センチのオープンリール・テープだが、そこからCD-Rにしたものを提供され、それをマスターにしている。これは1966年1月25日にフルトヴェングラー生誕80年記念として旧東ドイツ放送局からオンエアされたもので、終演後にアナウンスが入っている。

　このテープを手に入れた人物（故人）は、旧東ドイツの放送局に出向き、その場でコピーしてもらってテープを持ち帰ったという。ドイツ・グラモフォンのCDを見ると、使用音源はバイエルン放送局に保管されていた旧東ドイツ放送局からのコピーテープということである。そうなると、このCDに使用した音源と、ドイツ・グラモフォンのそれは、基本的には同じ条件でコピーしたものというわけだ。

　ドイツ・グラモフォンのCDを聴いていて、なんとなく低音が薄い音だなと思っていたが、その理由がなんとなくわかった。GS-2220の復刻に使用した音源を聴いていると、低域にモーター音のようなノイズが聴き取れる。おそらく、ドイツ・グラモフォンの技術者は、この音をなるべく目立たせないようにと腐心したようだ。このCDの音をアンプのトーン・コントロールで低域をバッサリ切ると、ドイツ・グラモフォンとそっくりな音になる。あと、低域をカットすると、高域のゆがみもいささかやわらいだ音になる。

　GS-2220だと強い音でのゆがみが若干目立ち、低域のノイズも感じられるが、例えば、ヴィオラの動きだとか、ティンパニが弱い音のトレモロで叩き始めるような箇所とか、細かい動きが聴き取れる箇所がたくさんあると思う。それに、会場全体の雰囲気が感じられる。

　オルセンのディスコグラフィーによると、同一演奏のLPは旧東ドイツのエテルナから、1965年3月に発売されているらしい（820380）。だから、当時、旧東ドイツの人がこの演奏を知らなかったわけではなさそうである。でも、この記念放送はLPそのものではなく、テープ

デ・ヴィート／ブラームス
『ヴァイオリン・ソナタ
集』（GS-2223）

に刻まれたものを放送したようである。当時、いったい何人くらいの人がこの放送を聴いたのだろうか。きっと、粗末なラジオに耳をすませていたのだろうが、どんなふうに感じたのだろうか。そんなことをふと思うと、とても懐かしい気持ちになる。

・ブラームス『ヴァイオリン・ソナタ第1番』『第2番』『第3番』／ジョコンダ・デ・ヴィート（ヴァイオリン）、エドウィン・フィッシャー、ティト・アプレア（ピアノ）（録音：1954年、56年、発売：2020年8月8日、GS-2223〔在庫あり〕）

　2トラック、38センチ、オープンリール・テープからの復刻。仮マスターが完成し、既存のCDと比較してみたら、既存のものはヴァイオリニストのわずかな鼻息や、そのほか細かいノイズをかなり除去していることがわかった。まあ、気持ちはわかるが、こんなささいな演奏ノイズを一生懸命に除去すると、かえって不自然ではないだろうか。

　解説のほうは、これまた沼辺信一に大変にお世話になった。私はあるとき、イタリアの週刊グラフ誌「エポカ」（Epoca）（1961年12月17日号）を手に入れた。そこには、デ・ヴィートのかなり長いインタビューが掲載されていたからだ。このことを沼辺に話したところ、「読んでみたい」というので、コピーを送付した。

　後日、どんな内容だったかを尋ねたら、デ・ヴィートが引退を宣言し、その安堵と苦しかった現役生活について切々と語っているという。とにかく、デ・ヴィートのインタビュー記事というのは、まったく記憶にない。自分も読んでみたいので、「解説に使えそうな部分だけでいいから訳してくれないか」と依頼した。すると、しばらくたってから、彼からファイルが送信されてきた。開くと相当に長い文章である。早速、お礼も含めて電話をしたのだが、沼辺は「部分的に訳しても、自分でも意味がわかりづらいところがあるので、とりあえず全文を訳した」ということだった。

解説ではおもにデ・ヴィートが語っている部分を使用したのだが、充実した解説を目指しているGSシリーズとしては、まさに願ったり叶ったりのものになった。

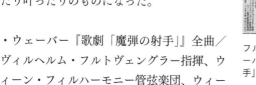

フルトヴェングラー／ウェーバー『歌劇「魔弾の射手」』全曲（GS-2225-6）

・ウェーバー『歌劇「魔弾の射手」』全曲／ヴィルヘルム・フルトヴェングラー指揮、ウィーン・フィルハーモニー管弦楽団、ウィーン国立歌劇場合唱団、エリーザベト・グリュンマー（ソプラノ）、クルト・ベーメ（テノール）、アルフレート・ペル（バリトン）ほか（録音：1954年、発売：2020年10月17日、GS-2225/6〔在庫あり〕）

GSシリーズ初のオペラ全曲盤で、ザルツブルク音楽祭でのライヴ。前にもふれたように、GS-2189を発売した際にこの全曲から序曲だけをボーナス・トラックで加えたところ、全曲のCD化を希望する声が複数寄せられ、それで発売を決意した。使用したのは2トラック、19センチのオープンリール・テープ。あらためて聴いてみると、途中で切れてはいるものの、テープをひっくり返して再生すると、切れる少し前から入っていて、ダブりはあるけれども、まぎれもなく全曲が収録されていた。

演奏開始前と演奏終了後にアナウンスが入り、まことに臨場感あふれる内容だったが、問題は上下する出力にあった。オペラ全曲のため、オーケストラだけ、オーケストラと合唱、アリア、二重唱、せりふなど、舞台上での音量の大小は目まぐるしく変わっている。これに合わせて録音機の入力を上げたり下げたりしているのが手に取るようにわかるのだが、失敗とは言えないまでも、スムーズにいっていない箇所が多かった。つまり、音量が大きい箇所の近くになると用心して入力を下げているのだが、その次の場面は音が小さいのにもかかわらず、入力が十分に上がっていないことがある。また、静かな場面が続いていたので入力が上げぎみなのはいいとしても、その次の大きな音では入力過剰になって、大きすぎる音になっているところもある。つまり、

音が大きすぎたり小さすぎたりする箇所が多く、これをなんとか自然になるよう、何度も何度も聴き返して修正をおこなった。

　また、複数のレコーダーで録音していたようで、場面によって音質の差も認められたが、これは解消できなかった。さらに、曲の何カ所かに明らかにテープをつないだと思われる跡があり、ここは厳密に言えば、実際の間合いは再現できていない。むろん、これは修正不可能である。

　猛暑だった2020年の夏に通算して5、6回も全曲を聴くはめになったのだが、まあ、なんとかここまでたどり着いた、という感じである。むろん、心残りがないとは言えないが、もともとの録音がシーソーみたいに音量が上下していたので、この程度が限界かと判断している。既存のCDではダイナミック・レンジを圧縮して、そこからノイズ除去などの作業をやっているようだが、これはある意味、全体の音質が統一されるし、何よりも作業時間が短縮できる。個人レーベルだからここまで時間を割いて修正できたが、普通のメーカーのように、同時に何組かのオペラを発売するとなると、とてもこんなに時間をかけられないだろう。

　このCDと同じころに、ステレオと称した『魔弾の射手』全曲（キングインターナショナル　KKC-4246/7）も発売された。この音質も悪くはないと思うが、「ステレオ」と言いきるには無理があるような気がする。ステレオであれば、ある程度オーケストラの楽器の席位置とか、舞台上での人の動きなどが認められるはずだが、音像はモノラルそのものである。しかし、疑似ステレオとはまた違った広がりが認められるので、これはこれで独特の雰囲気があると言える（ただし、残響がゆがむような箇所がある）。

　GS-2225/6は2枚組み1枚価格にしたのだけれども、思ったほどの勢いでは売れていない。でも、わかる人にはわかってもらえるので、じっとそれを待っている。

・ウェーバー『歌劇「魔弾の射手」序曲』、ブラームス『交響曲第1

番』／ヴィルヘルム・フルトヴェングラー指揮、ベルリン・フィルハーモニー管弦楽団（録音：1952年、発売：2020年11月19日、GS-2227〔在庫あり〕）

　2015年に発売したGS-2127のリマスター盤。2トラック、19センチのオープンリール・テープを使用しているが、GS-2205の『第9』と同様に、テープを録音スタジオに持ち込み、マスタリングをおこなった。

　問題は『魔弾の射手』で起きた。このテープは長時間テープに録音されていて、うまく再生できなかったようだ。5年以上前には何の問題もなかったが、やはり長時間テープはテープ自体が薄いので、経年変化に弱いのかもしれない。もしも新規に再生できない場合には、GS-2127を作成したときに自宅のテープレコーダーから録ったCD-Rを使うしかないと思ったが、そうすると、序曲だけ音質に大差がないということにもなりかねない。リマスターしたのに、音がほとんど同じでは、新規の番号で発売する意味はない。

　ところが間もなく、テープに熱処理を施し、問題なく再生できたと連絡があった。その後、試聴盤も完成し、聴いてみて音のよさにあらためて感動した。

　・シューマン『「マンフレッド」序曲』、ブラームス『交響曲第3番』、ワーグナー『楽劇「神々のたそがれ」』より「ジークフリートの葬送行進曲」、『楽劇「ニュルンベルクのマイスタージンガー」第1幕前奏曲』（録音：1949年、発売：2021年1月21日、GS-2228〔在庫あり〕）

　2トラック、38センチ、オープンリール・テープからの復刻。シューマンと『マイスタージンガー』は安定した音質で問題はなかったが、それ以外の2曲には前々項の『魔弾の射手』全曲に似た不具合があり、修正が必要な箇所があった。

　まず、ブラームスは第1楽章の冒頭の音量が低く始まるが、ちょうど繰り返したあたりから、音量が正常になる。ここはなんとかそれらしく修正はできたが、中間の第2・第3楽章はそれほど大きな音の箇

所がないためか、入力はかなり大きく採られていた。つまり、第1・第4楽章と第2・第3楽章との音量差がありすぎたのである。このデコボコはかなりいい線まで修正できたと思うが、不自然さを完全に払拭するまでには至らなかった。

　一方、『葬送行進曲』は冒頭から極端すぎるほど小さい音で始まるので、これも聴きやすい程度にまでは修正できたと思う。

・ブラームス『交響曲第3番』、ドヴォルザーク『交響曲第8番』／ヘルベルト・フォン・カラヤン指揮、ウィーン・フィルハーモニー管弦楽団（録音：1961年、発売：2021年3月2日、GS-2230〔在庫あり〕）

　2トラック、38センチ、オープンリール・テープからの復刻。このCDでもグールドの『ゴルトベルク変奏曲』（GS-2200）、フルトヴェングラーの『ザ・グレイト』（GS-2216）と同じことが起きた。

　当初、私はベートーヴェンの『交響曲第7番』（1959年）＋ドヴォルザークの『交響曲第8番』という組み合わせでマスタリングを依頼した。ところが、エンジニアは2曲同士の音質の違いが気になるとして、音をならした試聴盤を作ってくれた。けれども、やはり音をならすと、どうしてももとの持ち味が薄まってしまう。

　でも、こうなったのは自分の責任でもある。曲の編成が異なることを差し置いても、1959年のベートーヴェンとドヴォルザークではもともとの音質の傾向が異なっている。これは、最初から音質が似たもの同士を組み合わせとして考えなければならなかったのである。

　CDはかつてのLP2枚分は収録できる。でも、可能ならば、なるべく音楽的にも音質的にも差が激しくないほうがいい。例えば、ステレオとモノラルとか、交響曲と室内楽といった組み合わせは、できれば避けたいものである。

　まったく別件で資料をあさっていたら、このドヴォルザークの録音に関する逸話を見つけた。こういう意外な発見は、単純にうれしい。

・ブルックナー『交響曲第5番』／ハンス・クナッパーツブッシュ指

揮、ミュンヘン・フィルハーモニー管弦楽団
（録音：1959年、発売：2021年3月11日、GS-2231
〔在庫あり〕）

デ・ヴィート／バッハ＆モーツァルト『ヴァイオリン協奏曲集』（GS-2235）

　2トラック、38センチ、オープンリール・テープからの復刻。このテープは入手してしばらくほったらかしにしていた。ちょっと聴いた感じでは、それほどいい音とは思えなかったからだ。でも、後日再び取り出して聴いてみたら、あることに気がついた。つまり、ダイナミック・レンジがほとんど圧縮されずに収録されていたということ。

　周知のとおり、クナは改訂版を使用していて、第4楽章のコーダでは金管楽器や打楽器が追加されている。そこに差しかかったときの、この悪魔的な音はすごい！　客席で聴いていたら、いったいどんな感じだっただろうか。

・バッハ『ヴァイオリン協奏曲第2番』、モーツァルト『ヴァイオリン協奏曲第3番』／ジョコンダ・デ・ヴィート（ヴァイオリン）、ラファエル・クーベリック指揮、ロンドン交響楽団、ロイヤル・フィルハーモニー管弦楽団（録音：1959年、発売：2021年4月29日、GS-2235〔在庫あり〕）

　2トラック、38センチ、オープンリール・テープから復刻。デ・ヴィート唯一のステレオ録音。この演奏はCDの初期に発売された某国内盤で聴いていたが、音がぐるぐる回っているような、変なステレオだった。まあ、ステレオ初期だから、こんなものかもしれないと思っていた。ところが、このテープを聴いてみると、そんな変な音はまったくしない。レンジは狭いものの、定位はきちっとしていて、みずみずしさも十分である。こうなると、発売するしかない。

　ただ、LP発売時にも指摘されていたことだが、テープのつなぎ目がはっきりとわかり、一瞬、ギクッとする箇所がある。しかし、さすがにこれは修正できなかった（SACDハイブリッド盤にも、同様のことを

オークレール／モーツァルト『ヴァイオリン協奏曲集』（GS-2236）

断り書きしている）。

　表紙の写真、気に入ってます。

・モーツァルト『ヴァイオリン協奏曲第4番』『ヴァイオリン協奏曲第5番』、ベートーヴェン『ヴァイオリン・ソナタ第5番「春」』／ミシェル・オークレール（ヴァイオリン）、マルセル・クーロー指揮、シュトゥットガルト・フィルハーモニー管弦楽団、ジュヌヴィエーヴ・ジョワ（ピアノ）（録音：1961年、64年ごろ、発売：2021年5月18日、GS-2236〔在庫あり〕）

　協奏曲は2トラック、38センチ、オープンリール・テープから復刻、ベートーヴェンはLP復刻（Musique et Culture　MC3003GU）。協奏曲のテープは鮮度抜群の音質で、自分も聴きながら「おおっ！」と驚いてしまった。ベートーヴェンはLP復刻だが、状態が非常によかったため、とてもLP復刻とは信じがたいほどのノイズレス。友人もこれには驚いていた。ほとんど広がりがないステレオ録音だが、演奏はすばらしく、この曲の屈指の名演だと思う。ジョワのピアノもうまい！

　このオークレール、とにかく写真が見つからない。毎朝パソコンに電源を入れると、最初に検索するのはきまって「Michele Auclair」。でも、写真で引っかかってくるのは映画『情婦マノン』（監督：アンリ＝ジョルジュ・クルーゾー、1948年）で知られる俳優のミシェル・オークレールのものばかり。けれど、やっと見つけた。この若い写真はパッと見てオークレールとは気づきにくいが、それでもほとんど誰も知らない写真を使うことができてよかった。音もジャケットも、やったね！と満足感に浸れた1枚だった。

（解説にも書いたが、オークレールは指導者として頻繁に来日していたようだ。これは、一般にはあまり知られていない。）

・ムソルグスキー『組曲「展覧会の絵」』、ベートーヴェン『ピアノ・

ソナタ第14番「月光」』、チャイコフスキー
『四季』より「舟歌」「トロイカ」／レフ・オ
ボーリン（ピアノ）（録音：1956年、発売：2021
年6月15日、GS-2238〔在庫あり〕）

オボーリン／ムソルグスキ
ー『組曲「展覧会の絵」』
（GS-2238）

　1956年10月にレフ・オボーリンが来日し
た際にスタジオ録音をして、そのあとにLP
が発売されたことは知っていた。普通は音
（LP）が手に入って、そこからどういうふう
に作るかが始まるのだが、これは詳細な録音
データを発見できたことで、急にCDが作りたくなった例である。

「LP手帖」1957年1月号（創刊号、音楽出版社）にそれは掲載されてい
た。収録日、収録場所はむろんのこと、プロデューサー、エンジニア、
録音機材、使用ピアノまで記してある。これは出すしかない、そう決
心した。

　でも、新世界レコードのLS-6（モノラル）は中古市場でも入手難で
知られるものである。ところが、仏様が力を貸してくれた。とある店
になにげなく、「オボーリンの『展覧会の絵』のLPなんか、あったり
しますか？」。すると、「あ、ありますよ」と、まさか冗談じゃないだ
ろうかと思うほど、あっけなく見つかった。ただ、値段は高かった。
でも、ちゅうちょなどしていられない、これは自分の使命なのだと、
現金の持ち合わせがなかったので、プラスチックのお金で支払った。

　60年以上前のLPだから若干パチパチは多かったが、時代を考えれ
ばほぼベストな状態だろう。マスタリングの際に原音に影響がない程
度にノイズを除去してもらい、かなり聴きやすくなった。

　演奏は、ものすごく強烈な個性はないけれど、さすがに第1回ショ
パン・コンクールの覇者だけあって技巧は安定していて、模範的で落
ち着いた味わいがある。そもそも、オボーリンの腕前はオイストラフ
などと共演した録音で実証ずみである。幸か不幸か、オボーリンのい
ちばん有名な録音はオイストラフと共演したベートーヴェンの『ヴァ
イオリン・ソナタ全集』ではあるが、ソリスト・オボーリンの一面を

示すものとして貴重である。

バックハウス／ベートーヴェン＆ブラームス『ピアノ協奏曲集』（GS-2239-40）

・ベートーヴェン『ピアノ協奏曲第1番』『第2番』『第3番』、ブラームス『ピアノ協奏曲第2番』／ヴィルヘルム・バックハウス（ピアノ）、ハンス・シュミット＝イッセルシュテット指揮、カール・ベーム指揮、ウィーン・フィルハーモニー管弦楽団（録音：1958年、59年、67年、　発　売：2021年7月2日、GS-2239/40〔在庫あり〕）

　バックハウスのベートーヴェンは『ピアノ協奏曲第4番』『第5番「皇帝」』（GS-2224、2トラック、38センチ、オープンリール・テープから復刻）を発売して、それ以外の3曲は自分では出すつもりはなかった。しかし、その後、ベームが指揮したブラームスの『ピアノ協奏曲第2番』のテープ（むろん、2トラック、38センチ、オープンリール・テープ）を手に入れ、その音のよさに仰天してしまった。よくあるのが、これにモーツァルトの『ピアノ協奏曲第27番』を組み合わせるのだが、こちらのテープが見つからない。

　ブラームスは編成も大きく、時間も長いので、これ1曲だけでも悪くはないと思ったが、ベートーヴェンの3曲を加えて2枚組みにしてしまおうと思い立った。それで、ディスク1にはベートーヴェンの『第1番』と『第3番』、ディスク2にはベートーヴェンの『第2番』とブラームスの『第2番』。以上は演奏時間による曲順だが、1枚目にハ長調とハ短調、2枚目に2曲とも変ロ長調で、あっ、調性的にうまく収まった！と自分で膝をポンと叩いた。GS-2224と合わせれば、ベートーヴェンは全集にもなるし。しかも、これまた2枚組み1枚価格である。

No.34
安倍政権とTPP

　2018年12月30日、安倍晋三政権（当時）がTPP（環太平洋パートナーシップ協定）を締結した。これによって、著作権、著作隣接権（これを混同ないしは同一のものと勘違いしている人が多い）の保護期間が50年から70年に延長された。

　私は、安倍がはっきりと「わが国はTPPには加入しない」と言いきっていたのを覚えている。しかし、いつのまにやら正反対の方向に落ち着いた。まあ、あれだけ重要なことを隠したり無視したりしていたのだから、供述をひっくり返すなど、なんとも感じていないのだろう。

　この延長が広い意味でどのような影響を与えるのか、それについては自分もよくわからない。ただ、この加入によって自分のCD制作が大きな打撃を受けたことだけは間違いなかった。しかも、締結が2018年の暮れも押し詰まった12月30日というところが、実にいやらしいというか、本当に頭にくる。なぜなら、18年で権利が切れるものが全部だめになってしまったからだ。

　実際、私はあるCDを2019年早々に発売しようと準備していた。だが、この決定によって仮マスターまでできあがっていたものをご破算にしてしまった（日本政府に損害賠償を請求したいくらいだ）。これが、例えば19年1月10日締結であれば問題はなかった。ところが、年をまたがないで締結してしまったので、こういう結果になってしまったのである。

　TPPの基本的な考えで、「安いものが流通すればみんなが喜ぶ」みたいな貧乏くささが、とても気に入らない。安いものとは「品質が悪い」ものである。使うものならまだしも、口に入れるものは、ちょっと怖い。「外国産は安いかもしれないが、長い目でみれば、健康によくない」と思い込んだほうがいい。

　人の流れが活発になれば経済が活性化する、といった考えにも賛成

しかねる。なぜなら、活性化した結果が新型コロナではないか。だいたい、理想郷と思われたEU（欧州連合）の根幹が、イギリスの離脱やら難民問題でぐらついているのに、それと同じようなTPPを作ったところで、似たような問題が起きるのは時間の問題だろう。それに、人種や言語、宗教や生活習慣などがまったく違う国同士が、そんなに簡単に仲良くなれると思うほうが間違いだ。ある程度の距離を保ち、お互いの相違点を尊重しあっていくのが最善だろう。

とにかく、安倍政権のTPP加入によって私のレーベルGRAND SLAMから発売するはずだった数々の優れたCD（あえて、そう言わせていただく）が、すべて台なしになったわけである。

不幸中の幸いは、フルトヴェングラー、トスカニーニ、ワルター、クナッパーツブッシュ、バックハウス、ハイフェッツなどの巨匠たちの音源のほとんどはすでに著作隣接権が切れていて、このたびの改正の直接的な影響がなかったことだろうか。

でも、転んでもタダで起きるわけにはいかぬ。2039年以降、なしえなかった音源のCDを作ってやるぞ。

あとがき

　本書は「無線と実験」（誠文堂新光社）に連載中の「クラシック名盤名演奏」を中心に、新原稿を加えて仕上げたもので、形としては『クラシック名盤名演奏100』（青弓社、2009年）の続篇と言える。

　これ以降、『クラシック・マニア道入門』（2011年）、『フルトヴェングラーを追って』（2014年、ともに青弓社）と、2冊続けて書き下ろしを完成させたのはよかったが、それに続く単著が2021年の刊行というのは、いかにも時間が空きすぎている。

　こうなった原因は自前のCDレーベルGRAND SLAMの制作に精を出しすぎてしまったことにある。CD制作も決して楽ではないが、何しろ自分の好きな演奏を、自分が望む音で聴けるのがうれしいし、制作過程でさまざまな発見があるのも楽しい。とにかく、CD制作は短い期間で答えが出るので、ついついそちらにうつつを抜かしてしまった。

　もちろん、CD制作も結果的に本書のネタになっているのだが、でもここ数年は明らかにCD制作に比重が偏りすぎていた。この不均衡は、やはり修正するべきだと痛感している。

　本書のゲラのチェックは、猛暑、新型コロナウイルス感染症の緊急事態宣言下での東京オリンピック、豪雨災害のニュースなどが続いていたころにおこなった。その途中、直接の知り合いが新型コロナウイルスに感染したという連絡もあった。コロナに関しては音楽業界も多大な影響を受けたが、なかでも演奏会関連の事業に携わる人（特にフリーの演奏家）にとっては、あまりにも厳しい現実である。

　それを思うと、自分の仕事はコロナによるダメージはほとんどなかった。本書の原稿も、待てど暮らせど完成の見通しが立たない日々が過ぎ去っていったが、それでも「コロナで刊行できません」ということにはならなかった。

　今回も青弓社の矢野恵二さんに大変お世話になった。と同時に、こ

うして再び単著を世に問うことができたことには感謝しかない。特にこのたびは、仕事の速度を少しでも上げると、たちまちにほころびが多数発生するという、なんとも未熟な自分の能力に深く反省させられた。

『フルトヴェングラーを追って』の「あとがき」で、私は「2冊分の新刊案がある」と書いた。その一つが本書なのだが、残る一冊は手ごわい内容なので、心して迅速に仕上げられるように邁進したい。

　でも、ここでまたちょっと悪いクセが。仕上げてもいないのに、また別の新刊案が浮かんだ。こんな筆者ですが、今後ともよろしくお願いします。

2021年8月25日　　　　　　　　　　　　　　　　　平林直哉

［著者略歴］
平林直哉（ひらばやし　なおや）
1958年、鳥取県生まれ
音楽評論家
著書に『フルトヴェングラーを追って』『クラシック・マニア道入門』『クラシック100バカ』（いずれも青弓社）、『クラシック名曲初演＆初録音事典』（大和書房）、共著に『クラシック野獣主義』、『クラシック・スナイパー』シリーズ（ともに青弓社）など

クラシックの深淵

発行 —— 2021年9月24日　第1刷

定価 —— 1600円＋税

著者 —— 平林直哉

発行者 —— 矢野恵二

発行所 —— 株式会社青弓社
　　　　　〒162-0801 東京都新宿区山吹町337
　　　　　電話 03-3268-0381（代）
　　　　　http://www.seikyusha.co.jp

印刷所 —— 三松堂

製本所 —— 三松堂

ISBN978-4-7872-7441-0　C0073

平林直哉

クラシック・マニア道入門

レコードやテープの聴き方、ネットオークション攻略法、愛用の機器や御用達の店、7つ道具などを惜しみなく伝授。クラシックの魅力を語り、マニアの世界へ誘う実践的な入門書。　定価1600円＋税

平林直哉

フルトヴェングラーを追って

フルトヴェングラーのSP、LP、CDを徹底的に比較試聴し、著者自らフルトヴェングラーのCDを制作して浮かび上がる数々の新事実を紹介する。貴重なプログラムや写真も所収。　定価2000円＋税

鈴木淳史

クラシックは斜めに聴け！

こんなに自由な聴き方があったのか！　かしこまって聴くだけなんてつまらない。秘められた演奏の神髄に「妄想」や「邪推」までも駆使して挑む、価値観を転換させる一冊。　定価1600円＋税

許 光俊

クラシックの秘宝

世に言う名盤なんて、もう聴き尽くした！──そんな人のために、クラシックの鉱脈に眠っていた至高の演奏・録音を許流の辛口・怜悧な文体で紹介する、待望のクラシックガイド。　定価1600円＋税